心理臨床に活かす
アート表現
――こころの豊かさを育む――

神田 久男
［著］

樹村房

はじめに

　不思議なことである。人はそれぞれに，得意とする独自の表現方法を身につけているはずであるが，そこまでをも視野に置いた心理臨床の実践に出会うことはあまりない。多くがことばによる対話を中心とした面接であるが，それが問題であるというのではない。表現媒体や表現様式をかけあわせただけでも，表現の種類はかなりの数になってしまう。極端に言えば，人の数だけ表現が存在することになり，これに対応することはもともと無理な話である。

　ただ，ことばが自分のことを人に伝えるときの主要な伝達媒体であっても，それですべてが充足されるわけではないことも，また事実である。面接場面でクライエントは，実際，ありとあらゆる方法で自己表現しているのである。ことばにする以前の思いや，ことばでは表現しきれない心の深層を，ジェスチャーや語調を変えたり，描画や箱庭，造形，詩歌といった創造の過程を通してこれらに形を与え，人に表明しようとしている。こうしたもののすべては，誰もが幼い頃から行ってきた表現活動そのものである。セラピストのもとを訪れ，心理療法を始める人たちの中には，自己を表現することに疲れ果て，諦めてしまっている人がいる。そこで，彼らの戸惑いながらも精一杯の表現の試みをセラピストが感受できたならば，日々の経験や出来事を意味あるものとして受け容れられるようになるであろうし，さらなる治療過程の展開も生み出されるであろう。

　近年，子どもを対象とした創造・表現活動のワークショップが，各地で盛んに催されるようになった。どこも盛況で毎年1～2万人の子どもたちが集まる催しもあるという。そうした中で，親御さんから「勉強も大切ですが，携帯やゲームに熱中するだけではなく，これからはもっと自由に豊かな表現ができるような子どもに育って欲しいのです」という願いを聞かされることがよくある。なんとも頼もしい限りである。

　長年，心理臨床に携わり，自分の仕事の限界と可能性を見つめつつ，クライエントがことばで自分の内的な状態をうまく伝えることに行き詰ったようなと

き，もっと無理なく表現できるようなアプローチを一緒に見つけられるように努めてきた。これは何にも，セラピストがあらゆる表現技法や理論に精通していなければならないということを意味するものではない。少なくとも，クライエントの多種多様な表現に柔軟に寄り添えるくらいの受け皿と開かれた姿勢だけは，持ち合わせていることが大切であると考えている。心理臨床の技法や理論は，これをうまく使えばクライエントの理解や援助へとつながるが，反対に，この枠に相手を当てはめようとすると，その人の心は遠ざかってしまう。理論という枠組みと，実際の臨床実践との間にも断層はあるのである。それに多くの表現技法も，これを突き詰めていくと，案外素朴な原理に集約できるものである。表現にはさまざまなバラエティがあり，多様性を備えているからこそ表現の可能性やクオリティも高くなるのであるから，これを心理療法にうまく取り入れ，実践に生かしていける'コツ'や'知恵'といったものを本書から読み取っていただければ幸いである。

「アート表現」ということばは，あまり耳にしたことがないかもしれない。たいていは「芸術表現」あるいは単に「表現」であるが，これだと高い芸術性を求めているような印象を与えたり，意味が広すぎて意図が曖昧になってしまう。そこで本書では，個人の複雑な内的な体験を人に伝え，理解してもらおうとするときに有効な手助けをしてくれる象徴的，創造的表現を，総じて「アート表現」とすることにした。

執筆の過程で，心理臨床の実践の場で活躍されている多くの方々から貴重な資料や文献を提供していただいた。それが私にとってどれほど励みになったかわからない。ここに名前を記して感謝の気持ちを表したい。

磯ヶ谷美奈子，鍛冶美幸，金 順慧，胡 実，近藤春菜，関口つばさ，
西山葉子（五十音順，敬称略）

最後になったが，この企画に賛同していただき，労を惜しまずにいろいろ便宜を図っていただいた樹村房の大塚栄一社長に，心よりお礼申し上げる。

2015年10月

神田 久男

心理臨床に活かすアート表現
― こころの豊かさを育む ―

もくじ

はじめに …………………………………………………………………… 3

Ⅰ部　生活の営みとしての表現 ──────────────── 9

1章　表現という行為 ───────────────────── 9
1. 表現する主体 …………………………………………… 9
2. 表現様式の多様性 ……………………………………… 11
3. 心理療法による表現 …………………………………… 13
4. アール・ブリュット（生の芸術）……………………… 15
5. 心理アセスメント（査定）の位置づけ ……………… 17

2章　アートによる表現の可能性 ──────────────── 20
1. アートのもつ特性と効果 ……………………………… 20
2. ことばの果たす役割 …………………………………… 27
3. 創造性の発現 …………………………………………… 34
4. 表現の病理 ……………………………………………… 39

3章　イメージの治癒力 ─────────────────── 42
　　1．イメージの世界 ───────────────── 42
　　2．イメージの諸相 ───────────────── 45
　　3．心理療法におけるイメージの独自性 ────── 57
　　4．イメージ療法 ───────────────── 64

4章　表現を読み解く ───────────────── 69
　　1．アートの表現プロセス ──────────── 69
　　2．セラピストに求められるもの ────────── 73
　　3．集団による表現活動 ──────────── 82

Ⅱ部　実践：こころを表現する ─────────── 89

1章　こころを描く ─────────────────── 89
　　1．絵画療法 ───────────────── 89
　　2．診断と治療のための描画テスト ──────── 94
　　3．生活に密着した子どもの描画 ────────── 107

2章　こころを形づくる ─────────────── 118
　　1．造形 ───────────────── 118
　　2．箱庭 ───────────────── 125
　　3．コラージュ ───────────────── 133

3章　こころを詠う ────── 136
  1．詩歌がもつ力 ────── 136
  2．詩歌療法 ────── 137
  3．詩 ────── 139
  4．自由な文章表現：散文 ────── 140
  5．俳句 ────── 144
  6．短歌・連句 ────── 147

4章　からだとの対話 ────── 151
  1．表現媒体としてのからだ ────── 151
  2．からだに耳を傾ける：フォーカシング ────── 155
  3．身体イメージ（body image） ────── 159
  4．仮面（マスク）の効用 ────── 164

5章　心身のリズムとの共鳴 ────── 170
  1．響きあうこころとからだ ────── 170
  2．ダンス／ムーブメント・セラピー ────── 173
  3．音楽療法 ────── 177

6章　自己を物語る ────── 182
  1．「物語る」ことと「聴く」こと ────── 182
  2．ナラティヴ・アプローチ ────── 190
  3．サイコドラマと自発性 ────── 195

引用・参考文献 ────── 201
さくいん ────── 208

I. 生活の営みとしての表現

1章　表現という行為

1．表現する主体

　あらゆる表現活動は日常の営みの中でなされている。しかもそれは，単なる情報の伝達とは異なる。表現というのは，人が外界のさまざまに複雑な事象や幾重にも織りなす自己の多様な経験を敏感に感受し，これを意味づけて自己の内に体制化していく内在化の過程と，そこで蓄積された内的世界を何らかの表現媒体によって自由に表出していく外在化の過程から捉えることができよう。その意味で表現とは，しなやかな想像力と創造性の産物であり，人間理解の深い自己洞察から生成されるのである。

　人が見たり，聞いたり，感じたり，考えたり，行動したりといった自我の体験の様態は，その個人や状況によってさまざまであるからこそ，そこに個性的な表現が生まれる。とりわけそれが個人にとって初めての体験となるような場合，これをどのように認知するかはその人の過去の経験や欲求，感情，それに身体感覚などが如実に反映されるのである。このように表現の要素，素材となるものはすべてその個人に内在しているのであるから，表現とはその人の内的世界をあらわにしていくことに他ならない。ところが，表現が日常的，常識的な観念や枠組みにとらわれてしまうと，人の魂に触れるような表現はそれだけむずかしくなる。これを乗り越えるには，時間や空間を超えて内的世界をありのままに体験するのを可能にする'イメージ'を駆使し，常識的枠組みや価値観などから一時的に解放され，新しい視座からものごとを捉え直してみることが求められる。同様に，曖昧で微妙な感情や感覚は，生理的変化としての身体

感覚として体験されるのであるから，これにも丹念に耳を傾け感じ取っていくことで，創造的，独創的な表現は実現される。

　古代の素朴な壁画や宗教絵画，それに未開の先住民族の通過儀礼や癒しの儀式などを例に挙げるまでもなく，人類はずっと以前から多様な表現媒体によって心の奥に秘められた世界を表現してきた。日々直面する苦痛による鬱積した感情を，あるいは反対に思いがけない歓喜の体験を，やむにやまれない気持ちから人に伝えようとして，また自分たちでそれを共有していくために，それぞれに意味ある効果的な表現方法を生み出してきたのである。地平線の彼方にまでつづく広大なモンゴルの草原では，羊や馬とともに生活をしている遊牧民がいる。季節の移り変わりにより，肥沃な牧草地を求めて常時移動するため住居は移動式家屋（ゲル）であり，持ち運ぶのは必要最小限の生活用品だけである。最近では野外にソーラーパネルなども設置されるようになって電化は進んでいるが，以前は大地を渡る風の音と鳥のさえずり，そして放牧している羊の鳴き声ばかりが風景を支配していた。そんな生活の中で彼らはいつでも羊と旅をしながら馬の背にもたれて歌を口ずさみ，旅人なら誰でもゲルに快く迎え入れ，家族と一緒に馬乳酒を飲みながら歓迎の歌を朗々と歌ってくれる。歌といえば一人で2つの声を出すモンゴル伝統の唱法であるホーミーは有名であるが，「何もない草原での生活だから，いろいろな思いを込めてたくさんの歌が生まれたのだ」という老人のつぶやきには妙に納得させられる。

　人は誰もが日々社会生活を送る中で心配事や問題にぶつかり，不安や恐れ，怒り，悲しみ，それに葛藤などを体験しつつそれを表明したり，場合によっては自分をしっかり主張しなければならないような場面にも遭遇している。このような表現活動は，人間の基本的な知覚，認知，感情，思考，欲求などのあり方や体験などと密接に関連しているが，同時に他者のまなざしをも前提としている。いや，むしろ必要としていると言えよう。すなわち，今，心の内で体験していることや，まだ意識化されていないような内なるものをイメージとして表出させていくとき，それが人にうまく伝わって理解されたり，受け容れてもらえるということは，心のどこかで明確に意図されていることなのである。このように自己の内なるものを外界に表出し，そこから他者とのコミュニケーションが展開して相互の関係性が深まることによって心は癒され，自己のあり方

や生き方の輪郭が把握できるようになったり，心の深淵にも触れることができるようになるのである。

2．表現様式の多様性

　表現はことばだけによってなされるものではない。たとえことばを介してのコミュニケーションが苦手な人がいたとしても，違った方向からの自己表現はいくらでも可能である。ことばは自分の気持ちや意思を人に伝えるときの主要な伝達媒体であるが，それですべてが満たされるわけではないことは明らかである。ことばではうまい表現がむずかしいと感じたとき，当然ながら自分が得意とする他の伝達可能な表現手段が優先される。たとえば，図形や絵を描いて説明しようとする視覚的表現，紙や貼り絵，粘土などを用いた造形，それに顔の表情や身振り手振りを巧みに使った身体感覚的表現などがそれであるが，ときには散文や俳句といった文学的な表現もこれに加わったりする。こうした象徴的表現や隠喩的な表現は，考えていること，感じていることを複雑なニュアンスも含めて人に伝えよう，理解してもらおうと思うときには有効な手助けをしてくれる。
　こう考えると，表現の様式には実際さまざまなバラエティがあることがわかる。多様性を備えていればいるほど表現の可能性やクオリティも高くなるのであって，人は毎日の生活で意識的にせよ無意識にせよこれをうまく使い分けて活用している。同じことは心理治療の場面でも言えよう。むしろ治療場面であるからこそ，クライエントにとって繊細で的確な自己表現は必要不可欠な課題なのであって，しかもそれをセラピストにどれほど正確に伝え，かつ暖かく包括的に汲み取ってもらい，受け容れてもらえるかは，自己の存在感覚を実感できるようになるための生命線とも言えるのである。最近，人間のことばはどんどん貧困になっていて，相手の心にストレートに響くような豊かで力のあることばではなくなってきている。それでも何とか自らの内的世界に光を当て，それを実感をもって味わい，そこで得た体験を自分のものとして少しずつ整理し

て人に伝えていきたいと願うクライエントにとって，ことば以外の表現様式に託される期待は想像以上に大きいのである。

　心理面接の過程で，クライエントの表現の様式が一時的にせよ変化していったという現象は，心理臨床に携わっている人なら誰でもが経験していると思う。ずっとことばによる対話が中心に推移してきた面接で，沈黙が支配することが多くなったそのとき，突然クライエントがクレヨンや鉛筆を取り出して「これが今の私の心の状態です」となぐり書きしたものを見せてくれたりする。また，椅子を少し引いてセラピストから距離を取ろうとしたり，わずかに身体を揺らしつづけるといった行動をとることもあろう。今の心境を，家で詩や散文にまとめて書き綴ったものを大切そうに持参し，読ませてくれたりもする。こうした変化は誰もが目ではっきりと認識できるものなので，その時々に効果的な対応をとることは可能である。ところが，心ではさまざまに体験しているのであるが，それをうまく表現する方法が思いつかずに戸惑っていたり，わかっていても表現すること自体に躊躇していたりすると，セラピストがこれを単純に'クライエントは混乱している，わからなくなっている'と捉えて済ましていることはないだろうか。これは，クライエントにはさまざまな媒体を使って自分を表現する可能性が秘められているにもかかわらず，セラピストがその場にふさわしい表現媒体を臨機応変に提供できなかったり，自分が得意とする特定の表現にばかり意識が向いているために，かえってクライエントの表現の幅を狭めてしまっているのである。これでは，自分が身につけてきた人格理論や治療技法の考え方，文脈にクライエントがどれほど沿って表現してくれるかを密かに期待し，いつの間にか誘導してしまっているセラピストと構造的には同じである。つまり「クライエントは自分自身のことを，セラピストが理解している程度にわかっているのだろうか」という自分を優位な立場に置いたセラピストの姿勢と何ら変わらないのである。このときクライエントが体験するのは，漠然とした不全感とともに，「自分の表現が幼いのではないか，伝え方が間違っているのではないか」という自責の念ばかりである。もちろんクライエントにとって○○理論や○○療法などは関係なく，ただただ自由な自己表現が保障されていなければならないのであるが。

　突き詰めれば，心理療法を'クライエントの多様な表現に対して，セラピス

トが効果的に対応していく過程'と位置づけることもできる。だからといってクライエントのあらゆる表現に対して，治療的に有効な対応がとれるようになることがセラピストに求められているわけではない。それはほぼ無理な要求であるし，実現は至難の業である。基本的には，自分が興味や関心をもった人格論や治療論を時間をかけて丹念に咀嚼し，しっかり身につけていくことであり，それが基盤となってさまざまな表現に対応した治療的アプローチがおのずと可能になるであろう。そしてむしろ肝要なのは，セラピストが自分でもいろいろな表現体験を積みながら，象徴的な意味表現の世界に対する柔軟で開かれた態度がどれほどもてるようになるか，つまりクライエントとの交流の窓を普段からできるだけ多く用意しておけるかであって，これができて初めて多様な治療的介入は可能になる。

3．心理療法における表現

　心理面接でクライエントは，ありとあらゆる方法で自己表現をしている。とりわけことばは,自分の気持ちや意思を人に伝える主要な媒体となっているが，それですべてが満たされるわけではない。ことばにする以前の思いや，言語化が困難な感情的要素はイメージ表現で代用されたり，補足されたりする。こうしたことばでは表現しきれない心の深層にも，創造という過程を通して形を与え，それを外界に表明していくことも，これまで誰もが日常的にやってきた幅広い表現の手段なのである。今日，そうした表現活動や創造行為のもつ意義を，心身のケアや回復に生かそうとするアプローチは積極的に導入されているし，心理療法ではもはや必須の技法になっている。

　一般にことば以外の表現というと，描画や箱庭，コラージュ，造形，それに身体の動きによる表現といった'非言語的表現'が思い浮かぶであろう。ところが実際には，詩歌や小説，散文，さらには即興劇や自己物語などのように言語まで含めた多様な表現の技法が心理療法や治癒のプロセスで活用されていて，これらを総称して'アート表現'と呼ぶこともできる。ふつうならこれは

'芸術表現'としてもよいのであるが，'芸術'だとどうしても「技術的にレベルの高いもの，普遍的に良いもの」といった通念が伴う可能性があるので，ここでは「内的世界を素直に表したもの」といったニュアンスを込めて'アート'ということばを用いている。

　人間とは表現する存在であるからこそ，そうした創造的な行為を通して自分自身と出会い，心身の癒しと健康の回復が試みられ，さらにはそれが他者との深い交流の手段ともなりうるのである。ただし，表現も人によって得意不得意があり，それぞれが異なる表現のスタイルをもっている。ことばで論理的に説明するのが得意な人もいれば，絵や造形のような視覚的な表現が好きだったり得意だったりする人もいるし，身体を用いた表現様式が身についている人もいる。また，同一のクライエントであっても治療の展開につれ，各ステージでふさわしい表現様式が変化していくこともあるだろう。たとえアートによる表現であっても，特定の表現様式がいつまでもつづくことなどあり得ない。アート表現はあくまでも心理療法の一技法であり，これで一つの事例全般を維持できるような治療システムはもっていない。そして，有意味なアート表現といったものにも必ず限りがあり，治療が進めばそれは単に平凡な表現になってしまうこともある。それでいいのである。

　いずれにせよ，これら個々の表現技法については徐々に論理的，技術的に整備され，その意義が実証的に検証されつつある。これらの特性を熟知するとともに，クライエントの状態や当面の治療目標に応じていくつかを組み合わせたり，それぞれの機能が互いに補完し合って効果を高めるような工夫が求められる。心理治療の実践において，対話という単一の技法だけでこと足りる状況はほとんどないのではないか。結果的には同一の表現様式をつづけて適用したほうが合っている場合でも，そのクライエントの表現の領域を可能な限り広げ，多面的にアプローチしていこうとする試みは常になされているはずである。このように，特定の表現の形態に限定させることなく，クライエントの多様な生きた表現にできる限り柔軟に付き添い，治療的にサポートしていくことを重視したアプローチは，表現アートセラピー（Expressive Arts Therapy：ナタリー・ロジャーズ，2000；ショーン・マクニフ，2010；小野京子，2011）とか，クリエイティブ・アーツセラピー（Creative Arts Therapies：関則雄，2008）

などと呼ばれる心理療法の理念と基本的には近い。

　これらの創造的なアート表現は，いかなる状況にあってもしなやかな自己表現を促進させることを目指す，クライエントの豊かな感受性に開かれたアプローチであるが，それだからこそかえって治療構造はきちんと整えられていることが必要条件になる。内的世界を思いのままに表現できるというのは，本人が守られる秩序と枠組みが存在して初めて実現されるわけであり，それがないところでの自由な表現は，際限のない内面の拡散や混乱を招きかねない。そして，「なぜその表現媒体を導入するのか」「それでなければならないのか」という論理的な意味づけも明快になされていなければならない。

　さらにもう一点加えるならば，「芸術／アート」ということばは，どうしても独特のニュアンスを込めて捉えられることがよくある。つまり，「芸術作品は技巧的に高いレベルにあり，生活の周辺にある物とは違う謎めいた価値をもっているので，理解するのもむずかしい」という思いである。これは「芸術／アート」ということばに本来含まれている個性とか自由，それに可能性や多様性といったイメージは薄まって，反対に，社会的な評価という側面ばかりが強調して意識されていることに由来する。こうした先入観があると，創造することに誰もが気軽に手を染めることができなくなってしまう。描画にせよ，造形にせよ，あるいは身体表現であっても，それらが心理療法に導入されるとき，それは「芸術的に上手いとか優れている」といったこととはまったく無縁な活動であるということを，クライエントにどれだけ納得してもらえるか，これも治療効果を左右する重要な条件なのである。

4．アール・ブリュット（生の芸術）

　1990年代から日本でもアール・ブリュット（Art Brut），つまり'生（なま）の芸術'の展覧会が実施されるようになり，観る人に強烈なインパクトを与えて社会の注目を集めるようになった。それが2011年になっても埼玉や新潟の美術館で展覧会が開催されるなど，アール・ブリュットに対する人々の興味や

関心はずっとつづいているように思われる。

　アール・ブリュットということばは，1945年にフランスの画家ジャン・デュビュッフェ（Jean Dubuffet）が考案したもので，ここに込められた意味は「正式な美術教育を受けていない人々によって自発的に生み出された絵画や造形」ということである。通常の美術界の常識や文化的な因襲といったものとは無縁であって，個人の内的世界でのダイナミックな動きに呼応し「描きたいから描く，作りたいから作る」のであるから，創作の過程や創作物そのものが尊重される。後にこれはイギリスの美術史家ロジャー・カーディナル（Roger Cardinal）によってアウトサイダー・アート（Outsider Art）と英訳され，この理念と活動は広く欧米で理解され，浸透するようになった。

　もちろん日本にも，アール・ブリュットと称される作品を作っている人たちはいる。毎日，自宅から知的障害者の作業所に通い，会社の下請け作業に就いている青年は，中学生の頃から街の風景をペンで何枚も描きつづけているという。あらかじめ下書きするというようなことはなく，直接ペン書きで自分の視覚的な記憶に空想を織り交ぜながら何時間でも集中して描いている。ハイウェーや高層ビルと並んでふつうの民家や電信柱も精密に描き込まれ，いつの間にかそこには新しい街が誕生しているが，その絵からは不思議とそこで生活している人々の生活感が漂ってくるのである。また，養護学校高等部を卒業後，知的障害者の施設に通いパン作り班に所属している自閉症の青年が粘土で作り上げる作品も，誰にも真似できないほどユニークである。幼い頃から手先は器用で，粘土をこねているときの感触は好きだったようで，小さな動物をよく作っていた。そこからしだいに彼の作品の規模は拡大するようになり，人の顔や不思議な動物にも見える大きな粘土の塊に棘状にこねた粘土を一面につけ加えた作品は，そのほとんどが「無題」であるにもかかわらず，見るものに独特な世界を呼び起こさせてくれる。

　われわれもこれまでに精神科の外来や病棟，それにカウンセリングルームなどで'アートセラピー'とか'芸術クラブ'などという名称をつけて描画や造形，詩歌や即興劇など，さまざまな芸術的創造活動を行ってきた。そしてそこからは常識の枠組みを超えて，自由奔放で圧倒的な迫力をもった創造物が数多く生まれている。これらの活動はほとんどが心理臨床の場で実施されているの

で，どこかで治癒的な効果をねらっていることは否めない。ただ'アウトサイダー'ということばには「部外者，外の人」といった響きがあるため，これらの活動が精神的，知的，身体的にハンディキャップをもった人たちのための治療的アプローチであり，作品はそこから生まれた創作物であるといった側面ばかりが強調されてしまうと，特別の先入観やフィルターを通してその作品が鑑賞されたり評価されたりしかねない。本来，このような作品と接する場合，どのような人がそれを作ったかということをことさら問題にするのは本末転倒である。彼らは人にいかに評価されるか，理解されるかといったことはほとんど念頭になく，一心不乱に作品作りに没頭しているので，芸術的，診断的価値はあくまでも第二義的なもので意味をなさない。まずはその人自身の「表現したいから表現する」というナイーブな動機が大前提に据えられなければならないし，それが尊重されることによって初めて真の創造性が体現されるのである。

5．心理アセスメント（査定）の位置づけ

　心理療法を開始するにあたって，クライエントに関する臨床的な理解を得ていなければ効果的な援助実践は成立しない。心理アセスメントとは，クライエントの性格特性や行動傾向を捉えることによって人物像を把握するとともに，解決すべき問題を明らかにして，適切な援助方法を見出すためのものである。原則的には心理アセスメントと心理療法は，診断と治療ということで別のものとして扱われるが，心理アセスメントはあくまでも心理療法のための査定であるので，当然，心理アセスメントと心理療法とは密接に関連していて不可分の関係にある。

　心理アセスメントの中でもクライエントと直接かかわるアセスメント面接や行動観察からは，クライエントとその生活状況に関する貴重な情報がかなり豊富に収集できよう。一方，心理テストについては，種々の知能検査や質問紙，それに作業検査法といったものは標準化された評定尺度があらかじめ用意されているので，これを基本に検査時のクライエントの反応などを加味させながら

総合的に所見を書いていくというのがオーソドックスな処理法である。これに対し，投映法となると少々趣は異なってくる。バウムテストやHTP，枠づけ法などの描画によるテストは，それ自体がすでにクライエントの内なるものをイメージとして外界に表出する（描く）という行為であり，しかもそれはセラピストとの関係の中で新たに表現されたものなのである。これはロールシャッハやTATといった検査を実施する場合も原理的には同じで，何か課題が与えられたり刺激を提示されたりしたことが契機となって内面が活性化され，結果的にクライエントの反応には本人の感情や欲求の状態，思考様式，自己像などが映し出されると仮定し，これを読み解くことを目的としている。この過程でクライエントが体験していることは，表現行為と何ら違いはないのである。いわばそこでは，心理アセスメントと心理療法という2つの過程が同時進行しているのであるから，その結果を心理テストとしてのみ使用するというのはあまりにももったいない話で疑問が残る。もう一つの過程，つまりこれをクライエントの表現行為として焦点を当て，そこに治療的配慮をもってアプローチしていくことで得られる内容は，臨床的にもずっと意味深いものとなろう。

　TATマレー版の「カード2」は，心理臨床に携わる人なら誰にとっても慣れ親しんだ図版であろう。左側に若い女性が本を持ってたたずみ，右手には木にもたれかかる中年の女性，中央では上半身裸の男性が馬と農作業をしているという，農村の風景ではあってもどこか不釣り合いな3人の人間が登場するあの図版である。28歳の女性はこれを目の前にしたとき，一瞬困惑の表情を浮かべ，やや沈黙があった後に一つの物語を作っている。それを要約すると，「田舎で若い男性が馬を使って畑を耕している。傍らではちょっと怖そうな母親が木にもたれて休んでいる。左の若い女性は近所の大学生でこれから学校に行くところだが，お互いそれほど親しいわけではない」と，ほぼ標準的な反応で無難に乗り越えている。ところが本人の中ではこれとは別の物語が同時に展開されていたのである。彼女がこの図版を見たとき，瞬間的に感じたのはこの絵から受けた違和感であった。確かにこの図版は別々の絵を合わせて作った合成画であり，それを敏感に知覚していた。そしてこのときの体験，つまり違和感や異質感から浮かんできたのが，「学校や新しい職場に入ったときいつも感じるあの疎外感，よそ者感。自分は皆とどこか違う，ここにいていいのだろうか，

ここにいられるのだろうか」という戸惑いと恐れから萎縮し，その場で独りたたずんでいるいつもの自分の姿であったという。そのあとは決まって抑うつ気分に支配され，学校や会社に行けなくなっている自分がいる。こうなるともう，このTATの図版ではそのときの自分は語りきれないのである。とりあえずは手短に一つの物語を作ってから，この図版に刺激を受けて浮かび上がってきたありのままの自分の姿について，さらに話はつづけられることになる。

2章　アートによる表現の可能性

1．アートのもつ特性と効果

　子どもの中でファンタジーの世界と現実の世界がないまぜになっており，思い思いのやり方で楽しそうに遊ぶ。目の前のきれいな花を写生していたかと思うと，空想でおとぎの国を描いたりもする。すると今度は，壁や道端に気持ちを大胆にぶつけたようななぐり書きが出現する。人形や動物のミニチュアを使った'ごっこ遊び'はお手のものであろう。そしてときには，歌を唄いながらダンスのように踊って見せたり，土や粘土やブロックでどんな世界のものでも創造してしまうアーチストに変身できるのである。こうした遊びにはあらゆる表現の様式が含まれていて，子どもは遊びを通して自分独自の世界を表現することの喜びを体験する。

　このようにさまざまな感覚やイメージ，行動を用いたアートによる表現は，理性的な理解では容易に捉えることのできない心の内に秘めた抽象的，多義的，断片的な領域にも光を当て，伝達可能なように可視化させることにより，ことばだけでは成し得なかった自己表現の幅をずっと広げてくれる。ふつうアートによる表現というと，絵画的な表現が連想されるが，音楽や造形，身体運動的な表現においても，ことばに限定されない心のニュアンスの表現は可能であって，これらすべてが心身の活動に関連し，日々の生活に密着した行為である。つまり，言語機能を超えたアート表現によっても，人はいつも，自らの内的世界を多次元的に体現しているのであるから，個々の表現活動の特徴をよく理解し，それぞれがもつ臨床的意義を治療に生かせるような統合的なアプローチは

ずっと以前から試みられている。

　そこでつぎには，そうしたアートを用いた表現の特性とその効果について考えてみよう。

（1） ことばにならないものを表現

　心理療法の世界では，これまでほとんどの治療が言語的アプローチ，つまり対話を中心に行われてきた。ところが，ことばでは「不安」としか言いようのない'得体の知れない不気味さ'の体験を表現しようとするとき，画用紙を全面黒で塗りつぶしてしまう人がいるかもしれないし，紙粘土で大きな球体を作り，それに絵具を吹きつけて質感を出したほうがずっと実感に近いものが伝えられると感じることもあろう。また人によっては，独特のリズムで身体をゆりつづけ，身体表現によってその得体の知れないものを体の外に押し出すことに夢中になるかもしれない。こうした多層的な意味を包含するアート表現は，ことばだけでは触れることのできない体験の側面をも表現できる可能性をもっている。ことばだとどうしても外観をなぞるだけの説明調で終わってしまうこともあるし，無理に因果関係でまとめたり，つじつま合わせをやって自分でも腑に落ちない結果を招いたりすることもあるのである。

　人間にとっては，ことばも，アート表現も，そして遊びも，すべて自己表現の基本である。したがって，ことばとして語られる以前のイメージを表現しようとするとき，あるいは，ことばで自己を語ることに戸惑いや困惑を覚える人にとって，アート表現という言語機能を超えたコミュニケーション媒体をもつということは，どれほどの助けになるかわからない。心理治療の過程でクライエントとセラピストとの間に，アート表現という非言語的なものが介在しているというだけでも，相互の関係はずっと和やかなものになるであろう。クライエントは独りで黙って作品を作っていてもよいのである。それをしみじみ眺めながら，さまざまな感情が湧いてきたならば，そのことについてセラピストと語り合うこともできる。そして，そうした交流からさらにイメージが発展していったなら，そこから再びアート表現を展開させてもよいのである。

　一方で，すべての治療過程が，アートによる表現だけで進行することはあり

得ない。言語的に洗練されたクライアントにとっては，自分の言語表現をさらに豊かなものにするために，あるいは補助するものとしてアートを用いることもあるだろう。また対話が苦手な人，信じられない人にとってはことばをはるかに超えた頼りになる表現媒体となったりするわけで，治療全体の流れと方向性を踏まえながら，効果的な導入が図られることになる。

（2）カタルシスと心身の癒し

　絵を描いたり，スポーツをしたり，小旅行に出かけたりと，人は誰でも好きなレクリエーションに興じることで，気晴らしをしたり鬱積した感情を発散させたりすることができる。アート表現や創造的行為に熱中していると，常識的な行動規範や考え方からは少しずつ解放され，自分でも思いがけないような発想が浮かんできたり，独創的な作品ができたりするものである。

　絵画であれ，造形であれ，ダンスであり，慣習にとらわれない自由な形式や行為をとってなされるアート的・身体的表現は，多かれ少なかれ本人の退行を促し，普段の防衛機制を緩めるが，そのことが心的世界のありのままの表現を可能にして治癒的に作用する。たとえ単なる気晴らしやレクリエーションであっても，その表現様式の枠組みに守られながら，いつもはあまり達成されることがなかった不安や怒りや恐れといった情動の解放がなされ，カタルシスがもたらされる。そして，こうしたことが実現されるためには，何よりもまず心身がリラックスした状態にあるということが前提になる。アート表現や創造的行為に熱中しているというのは，精神が一つの事柄に集中しているということを意味する。こうした状態では，一時的にせよ時間や空間などに対する現実感は薄くなり，現実適応的な態度も弱まる。反対に，主観的な傾向は強まって感受性は増すので，あらゆることに敏感に反応するようになるが，だからといってこれは自己を見失った状態ではない。むしろこうした非現実的な世界での主観的で非論理的，非合理的な体験は，現実へのとらわれからは自由になって，'自然と思いのままに活動できた'という体験として本人の中に確実に根づいていくであろう。

（3）新しい意味の創造・自己の発見

　アート表現は，イメージや創造のプロセスを通じて，自覚していなかった心の内の世界を外の世界と結びつけ，これを現実のものとして扱うことができるように手助けしてくれる。また，激しい怒りや嫉妬心，競争心といった，いつまでも視野の外に置いておきたい情動にも，さまざまな表現媒体を介して触れさせてくれる。こうして，今，自分の中で起きていることを知り，これを受けとめて乗り越えていこうとする過程に積極的に参加することで，その人の自分をコントロールする能力は高められ，生きていることの意味の感覚も新たに醸成される。

　アートにより表現されようとする世界は，その個人の心と密接に結びついていて，概念的には容易に説明しがたい深層の世界を映し出すものであり，多様な相をもっている。小学校の教師として自信がもてず，職員会議などで発言の機会を得ても当たり障りのないことしか言えないので，いつも不全感に悩んでいる女性がいた。ことに父兄会は苦手で，親から発せられる意見はすべてが自分への批判のように感じられてつらい。面接で語られる彼女の自己像は弱々しく，あるとき描かれた本人の自画像も表情は笑っているが細い輪郭線で描かれ，伝わってくる存在感は薄かった。それからしばらくして，今度は粘土で自分を作ってみようと試みたとき，人間の形をいくら作ってもしっくりなじまず，ようやく亀の形にすることで納得して終わっている。「亀は甲羅で外に対して閉ざしているから私らしいと思ったが，それだけではない。確かに外界から不用意に傷つけられるのを避けようとしているところはあるけど，このどっしりと地に足をつけて簡単には動じない亀の姿も私なのです。私，生徒には案外慕われていると思う」と語っている。

　通常の面接治療では概念的にしか語りえなかったクライエントが，アートによる表現が加わることにより，ことばの背後にある心の世界を見つめ，これまであまり気づいていなかった複雑な感情や自己を生き生きと実感し，これを意識化して再構成できるようになると，意味ある体験が数多く起きることが期待できる。どんなにつたない表現であっても，ことばにアート表現が加わること

で心の様相は多面的，多次元的に広がって浮かび上がり，そこからはまた新たな洞察がもたらされるであろう。

（4）こころと身体の協応

たとえば'絵を描く'という行為を想定してみると，目の前の対象を眺めたり，心にイメージしたものをクレヨンや筆をもって手を動かしながら描くという一連の動作が必要になる。実際には，身体感覚も含め，見たり聴いたり触ったりしたときの感覚とそのときの気持ちとか知識とかいった認知情報を十全に動員し，これに身体の動きを呼応させながら作品を作っているのである。つまり，心と身体は別々に機能しているわけではなく，両方が協応しながら全体として統合を伴った体験として成立していることになる。

成瀬（1988）は，心理療法における治療の原理として'体験原理'の重要性を指摘している。ここでいう体験とは，「主体者である自己が生きる努力をしている自己自身の只今現在の活動についての内的な実感という主観的現象的な事象」のことである。従来行われている心理療法の治療原理は，洞察原理と行動原理の2つに分けて考えることができるという。

洞察原理というのは，精神分析といった力動的心理療法などに共通する治療の原理で，主にことばによるコミュニケーションを基礎にして，これまで気づかなかった心的過程を意識化し，それに伴う内的世界の葛藤や不安といった複雑な感情を意識化する（洞察する）ことにより自分自身を理解していくというプロセスが想定されている。ただし，洞察が起これば必ず良くなるかというと，事実はそうとも限らないし，反対に洞察といわれるようなものは起こってはいないのに確実に良くなっていくケースがあることも現実である。

もう一つの治療論は，客観的事象としての行動の変容を重視するもので，その代表が行動療法ということになる。洞察をはじめとして，心の内の動きなどというものは不確かなものであるから，それよりも外部に生起している誰もが把握できる客観的な行動そのものを対象とし，その改善を図ることを目的としている。ところが，外的行動が変容するというからには，そこに主体がかかわっていることが意味されるのであり，その人の気持ちや心構え，認知といった

内的な過程の変化に伴い，その結果として行動が変容しているのであると捉えることができる。要するに，単に訓練や経験による慣れによって行動が変容するとするのは，あまりにも単純すぎる理解ということになる。

　これに対して体験原理というのは，本人自身の内面の過程に焦点を当て，主体がどのような意識や体験をしていて，それがどのように変化していったかを重視して取り扱おうとするものである。こうした体験には2つの側面があり，一つは体験の客体で，これは体験の具体的な対象のことである。そしてもう一つは体験の主体で，主体という場合，その客体を体験するときどんな風に体験したかという活動の様式，仕方のことを指す。同じ対象であってもときにそれが曖昧に感じられたり，輪郭線が生き生きと明確に捉えられたりするし，受動的・消極的な心構えのときもあれば能動的・積極的な姿勢をとっていることもある。

　人は複雑な気持ちを感じているとき，胸が締めつけられるような，手足に力が入っているような身体感覚や，自分の存在にまつわる自己感覚といったものも同時にひしひしと感じている。そしてこうした全心身的な体験を人に伝えて解ってもらおうとするならば，内部に感じているものに基づいてそれにピッタリあったことばやイメージ，絵画や箱庭，身体運動といった表現媒体を探し，それによって内的な感じをうまく捉えて表現できたと感じたとき，解放感や達成感，それに充実感などを体験するのである。もちろんこの体験原理は，洞察原理や行動原理とは相容れないということではない。治療過程ではこのどれもが機能しているのであって，治療上，体験原理を重視して基礎に置くことの重要性が強調されているのである。

（5）安全な器としてのアート表現

　箱庭療法における箱の枠が，あるいはまた風景構成法でセラピストによって画用紙に引かれた枠づけの線が，内的世界の自由な表出を保護する機能をもっているため，クライエントには安心感を与えるということはよく知られている。

　同様に，アートによる表現の場合も，表現媒体や創作されたものそのものが自分の表現を受けとめる器となるため，クライエントはあまり躊躇することな

く作品作りに取り組めるようである。

　激しい不安や衝動が湧きあがってくるのを感じ，はたしてそれをうまくコントロールして表出できるかどうか自信が持てないようなとき，安心して表現できるような媒体が見つかったならば，その人の自己表現や洞察はどれほど促進されるかわからない。クライエントが突き上げてくる感情に呑み込まれるのを防ぎ，自分のつらさやしんどさとも適度の距離が置けるようになることで，自己探求を一歩前進させることができるのである。このようにして，心の内を何とか外在化させることができたならば，今度はそれをしみじみと眺め味わうことのできる作品として，再び正面から向き合えるようになるものである。これを可能にするためには，面接室には表現のための適切な素材が多く用意されていることが望ましいが，それ以上に，セラピスト自身が面接に導入できるような多様な表現様式を身につけていることが前提になる。

（6）相互理解の拡充

　人と会話をするとき，私たちは相手の話す内容だけから情報を得ているわけではない。そのときの身振り手振りや顔の表情といったものも，その人が伝えようとしていることを理解するための大切な情報源になっている。CDやテレビなどを通して興味をもったミュージシャンのライブを聞きに行ったようなとき，彼の奏でる音楽の素晴らしさに加え，曲と曲の間に入る飾り気のない語りも相まって，そのミュージシャンの音楽性の高さ，さらには人間性の豊かさに触れることになり，感動は一層増幅される。このように，ことば以外にも相手に伝える媒体を駆使することで，表現は重層的になり幅がずっと広がるとともに深みも増すのである。

　アートによる表現は，ことばと同様に自己表現におけるもっとも大きな源泉である。ことばでは説明的になってしまうものも，アートによって伝えたいことの本質は一瞬の内に表現することができるし，そこで表現された作品そのものがそれを見る人と対話を始める。表現というからには当然，他者に向かって何かを伝える，表明するという意味合いが含まれている。アート表現を通して人は相互コミュニケーションや関係を育み，気持ちを分かち合い，自分の作品

が人に理解されること，受け容れられることで自尊心や自己肯定感は高められる。そして，このような共感者との交わりを拠り所にしながら，ときにはこれに守られながら，今度は自己とも対峙することができるようになり，これまで意識したことのなかった自分の姿や問題に気づいて洞察が得られる。こうして意識の幅は拡大され，ようやく自己の再統合を果たす道へと歩み出すことができるのである。

2．ことばの果たす役割

　ことばは認知や思考，コミュニケーションにとって大切な道具である。それぞれの時代や社会には一応規格化された言語体系は存在するが，同時に私たちは個々人が独自の言語体系ももっていて，それがその人に固有の認知機能を飛躍的に高めて構造化をもたらし，より複雑な思考をも可能にしているのである。つまり，ことばによって人は現実世界を自分なりに認識することができるのであり，もう一方でことばは，その人のイメージの世界や思考を広げてうまく他者に伝達するという役割を担っていることになる。

　一般にアート表現というと，最初に頭に浮かぶのは'非言語的'という特性であろう。たいがいの心理療法は対話を中心にして行われているので，クライエントとセラピストは互いにどのようなことばを交わして理解を深めていこうとしているかに焦点が当てられる。ところがアートによる表現の場合，心の様相の表現は主にアート的な表現媒体にゆだねられるので，両者はいかに非言語的な空間と時の流れを互いに共有することができるかということに比重が置かれる。ただしこれは，アート表現においてことばが過小評価されているということを意味するものではない。表現する人の得手不得手や表現内容によっては，ことばで交流するよりもアートを通して表現したほうがずっと容易に，そして効果的にありのままの自分が伝えられることがあるということである。制作したアート作品と対話しながら語られるクライエントのことばほど，セラピストは重みをもって受けとめていかなければならないし，その作品をめぐって交わ

される相互の会話からクライエントの自己理解は明確になり，さらに発展していくのであるから，アート表現も基本的にはことばが深くかかわったアプローチに他ならない。

　自分の心の中ではすでに意識化されている観念や感情をことばで表現することはあえて意識することなく日常的になされているが，それでもときにはうまく対応することばが浮かばずに戸惑うことはある。ましてや，前概念的なイメージや漠然とした感情などを的確に捉えることばを探し当て，それを表出していくことに困難さを感じたことのある人は少なくないであろう。心の世界のあらゆるものを包んで表出させることができるほど，ことばは万能ではないのである。これまでずっと対話で進展してきた治療であっても，クライエントが突然面接室にある画材や箱庭を持ち出して心の内を表現しようと試みることがあるように，ことばでは充分に果たせない表現を補う様式の一つが描画や箱庭などによるアート表現ということになる。このことからもわかるように，ことばとアート表現とは密接に連携した相互に補い合う関係にある。クライエントが制作した作品は，それまでのセラピストとのことばによる交流から生まれてきたイメージの表現にほかならない。そして今度はそれを両者の間でことばを交えてじっくり吟味し，作品はまさしく自分の内的世界を表現したものだとして受け容れられるようになっていく過程でも，ことばは重要な役割を果たしているのである。

（1）話しことばと書きことば

　中学生の東田直樹君は会話がとても苦手で，5歳のときに児童相談所で「自閉傾向」と診断を受けていた。現在でも「人と会話ができません。声を出して本を読んだり，歌ったりはできるのですが，人と話をしようとすると言葉が消えてしまうのです」といった具合だが，感受性は豊かで，いろいろなことを敏感に感じ取っていることは，質問に対して答えるという形式で著された本（2007）の内容からも読み取ることができる。その中から東田君が話しことばについて語っている箇所を抜粋してみよう。

Q：あなたの話す言葉をよく聞いていればいいですか？
A：話せるということは，声を出せるということではありません。みんなは，そのことをちゃんと分かっていないように思います。

　言葉を話せるようになりさえすれば，自分の気持ちを相手に伝えられると思い込んでいませんか？　その思い込みのために，僕らはますます自分を閉じ込めてしまっているのです。

　声は出せても，言葉になっていたとしても，それがいつも自分の言いたかったこととは限らないのです。ふつうに返事をするだけでも「はい」と「いいえ」を間違えてしまうこともあります。

　僕の言った言葉で，相手が誤解したり勘違いしたりすることも，たびたびあります。

　僕は，ちゃんとした会話がほとんどできないので，そのことで訂正することも無理だし，どうすることもできないのです。そんなことがあるたび自己嫌悪に陥り，もう誰とも話したくなくなります。

　僕たちの話す言葉を信じ過ぎないで下さい。

　態度でも上手く気持ちを表現できないので難しいと思いますが，僕たちの心の中を分かって欲しいのです。基本的には，みんなの気持ちとそんなに変わらないのですから。

　彼は話そうとすると，頭の中が真っ白になってしまいことばが出てこない。それでも何とか話そうと躍起になると，自分がすぐに使える限られた単語やこれまで繰り返し使っていたことばの中から探そうとするので，本当に言いたいことばを思いつくことができず，結局，伝えたいことを表現するのがむずかしくなってしまう。ところがパソコンや文字盤なら自分のペースで言いたいことばを見つけることができる。それゆえに，「文章は，心の中を表現する手段なのです。作品を通じて自分の考えや気持ちを，多くの人に知ってもらいたいと願っています。読んでくださる方の思いや感性に響く文章を書くことが僕の理想」（東田，2010）になっていると言う。

　もう一人，著書『自閉症だったわたしへ』（1993；2001；2004）で自閉症という自身のこころの世界をみごとに描き，その名前が世界的にも知られるよう

になったドナ・ウィリアムス（Donna Williams）がNHKのドキュメンタリー番組（1995）で話しことばについて示唆に富む内容を実感的に語っている（要約）。

> 人は私が皆さんの世界に合うように私を変えたがっている。
> 　ことばに頼るあなたたちの世界では，人前では自分に正直にならないほうが賢明だと教えられてきた。自分の感覚の世界では本当の自分がむきだしになってしまい，社会ではうまくやれなくなるから。
> 　でも，自分の気持ちはことばではうまく言えなかった。
> 　人のことばの速さにはついていけず，すぐには理解できなかったので，変わり者扱いされていた。
> 　私には現実の人間よりもはるかに気持ちの通じ合うものがたくさんあり，その世界では自分を抑える必要がないので，伸び伸びと自由にしていられる。
> 　あなた達の世界だけが唯一だと考える高慢さはやめて欲しいのです。
> 　人が話すことばは消えていくようで信用できない。でも書いたことばなら信用できる。書いたものを通してなら人とも安心してコミュニケーションできる。
> 　私は書くことで自分の気持ちを説明できるようになりました。
> 　本当の自分を知るために本を書いたのです。

　心の中で起きていることや，表現したいと思っていることを伝えようとするとき，話すときに用いたことばと内的な過程とがうまく同調せずにどこか違和感や不調和感を感じたままで推移していくと，いつの間にか表現したいという意欲さえ萎えてしまうものである。また，気持ちがうまくことばで表現できたと感じられたとしても，今度は受け手がそのことばの意味を思い通りに理解してくれなかったり，歪曲して捉えられたりしたならば，自分のことばの使い方が間違っているのではないか，感覚がおかしいのではないかと，自分に自信がもてなくなってしまう。こうなると対人場面では，話し方から活力やリズム感は失せ，声のトーンや調子は単調になり，想像を巡らすこともなく，創造性の欠けたありきたりの無難な会話に終始するようになる。このようなとき，誰に

も邪魔されずに自分のペースで心の内を表現できる日記や詩，それに散文や小説といった書きことばによって心の活路を見出すことができることもあるのである。

（2）相互コミュニケーションの歪み

　コミュニケーションというと，単純には情報の伝達，交換のことを指すが，日常の生活で人と人とが互いに理解を深めようとして交わされるコミュニケーション，つまり相互的・直接的なパーソナル・コミュニケーションとなるとその構造はずっと複雑になる。まず送り手が伝えようとしているのが，単なる情報や知識ということもあるが，感情や経験，意志，思想と複雑さを増してくるとそれを思い通りに伝えられているかどうか，しばしば苦慮するところである。そこでこれと密接に関連するのが，伝達の手段として主にことばが使われているのか，それとも非言語的なコミュニケーションの媒体への依存度が高いかという問題である。

　誰でもことばだけではなく，表情や語調，身振りや姿勢といった非言語的な媒体を活用して複雑なメッセージをできるだけ正確に伝えたいと試みている。あるメッセージをことばだけで伝えようとすると，曖昧さや不完全さを伴う可能性があるわけで，それを補う働きをしているのが非言語的なメッセージだからである。ある程度顔見知りの2人が偶然に会ったとしよう。そのとき2人は「アー，どうも」と同じことばを発したのであるが，それがどのような意味合いをもつかは，そのときの相手の表情や語調などによって判断しているのである。もし相手がにこやかな表情で懐かしげに応えてくれたなら，自分は好意的に受け取られていると感じられさらに会話は発展していくであろうが，反対に無表情で儀礼的な反応が返ってきたりすると，そこで2人の関係が途切れてしまうことは容易に想像できる。そしてさらに，相互のコミュニケーションを複雑にしているのが，メッセージの送り手の思惑や態度と同様にそれを受け取る側の姿勢であって，もし受け手がメッセージの一部を無視したり曲解していただけでも，2人のコミュニケーションは相互理解どころか，あらぬ方向に向かって進んでしまう。

こうした相互コミュニケーションの歪みが暗々裏の内に繰り返されていると，自分を素直に表現したいといった気持ちはしだいに失せてきて，通り一遍の機械的なコミュニケーションが多く交わされるようになることが懸念される。そこでつぎに，そうした歪んだコミュニケーションの典型をいくつか取り上げてみるが，これは臨床面接でクライエントからしばしば悩みとして例示されたものでもある。

　コミュニケーションといえば，送り手（主体）があるメッセージを受け手（対象）に向けて伝えるというのが基本形であるが，このコミュニケートする主体，あるいは対象を不明瞭にしたままでメッセージを伝えようとするケースがある。なかなか言うことを聞かない子どもに母親が，「そんなことをしたら皆に笑われますよ」と繰り返し言うことで指示に従わせようとすることがあるが，自分を笑うのはそこにはいない世間一般の人であるから，その人たちに直接異議を唱えたり自己主張もできないまま，言われていることは一方的に正論となってしまう。また友人がそこにはいないAさんを引き合いに出して，「Aさんたらあなたのこと，ちょっと自分勝手よね，なんて言うのよ」と言ったりするのも，相手をうまくコントロールするための巧妙な表現である。Aさんが言っていることをその友人はどのように思っているかがぼやかされているので，結局Aさんや友人の自分に対する評価の真偽は本人の憶測によってしか測れず，不確実感に悩まされることになる。また，その場にいる上司や仲間が，「まったく，今の若いやつは……」と不機嫌そうに舌打ちしたり，「アーア……」と肩を落としてため息をつくとき，それが誰に向けられたメッセージなのか対象を明確にしないままに送られてきたりすると，あたかもそれは自分が言われているのではないかと疑心暗鬼になって，萎縮してしまったりするものである。

　そしてもう一つは，こちらが伝えたメッセージに対する受け手の応答が，その中核から微妙にはずれていたり，一部が無視されたり，さらには相手の文脈に置き換えられたりして，送り手の意図や意味に添った理解がされていないようなコミュニケーションもある。簡単な例を挙げると，最近学校で友だちとうまくなじめず，登校を渋る傾向がつづいていた子どもが朝，母親に「今日は皆と遊べるかな？　心配だな～」と言ったとする。これに対して母親が「大丈夫よ，X君が遊んでくれるわよ」と子どもの気持ちを察して励ましたとする。し

かし，肝心の'心配だな〜'という気持ちは受けとめてもらえてはいないのである。これがさらに「そんなに心配なら担任やカウンセラーの先生に相談してみなさい」といった応答になると，子どものメッセージの中核，つまり'心配だな〜'という気持ちは母親も受けとめがたいので明確に無視されたことになる。やがて子どもが学校生活に少し慣れてきて，いつもよりは明るい表情で「今日は大丈夫かな〜」と言ったとする。そこで母親が子どもの表情の変化を読み取れずに，「またそんなことばっかり言って，早く行きなさい」と反応してしまったならばどうであろうか。子どもからのメッセージは'あなたはいつも不安ばかり訴えている子ね'と，その真意が母親の文脈の中で勝手に変えられてしまっているである。こうしたコミュニケーションの歪みは日常的にはしばしば見受けられる現象であるが，本人には「何となくズレている」「はぐらかされた」といった空漠とした感じでしか体験されないことが多いので，自分のコミュニケーションの仕方が未熟なのではないか，悪いのではないかと，自分を責めてしまいがちになる。

　また，コミュニケーションの歪みについて，メッセージのレベル間にある矛盾やズレに注目したのが，ベイトソン(Bateson, G., 1990)の「二重拘束説(double bind theory)」である。彼はメッセージのレベルには主にことばで伝達されるような情報である「内容レベル」のコミュニケーションと，表情や語調，雰囲気といった非言語的な表現で，そのメッセージには送り手の感情や欲求，意図などが暗黙裡に含まれていて，それがメッセージの内容を規定したり意味づけたりする「関係レベル」のコミュニケーション（メタ・コミュニケーション）があるとする。そこでもしこのメタ水準のメッセージが不鮮明であったり，「内容レベル」と「関係レベル」の間に矛盾や不一致があって，それに絶えずさらされていたり，そこから逃れたりすることができない状況に置かれたならば，人は自分の意思や判断でそのジレンマから抜け出すことがむずかしくなってしまうというものである。

　大好きな母親と夕飯を済ませてもまだ一緒に過ごしたいと思っている子どもは，元気にゲームに興じたり，母親に楽しげに話しかけたりするであろう。ところが昼間の仕事で疲れている母親は早く一人になりたいと思っているので「明日は早いからもう寝なさい」と言ったりする。このことば（内容レベル）

は確かに子どもを気遣ったことばであるが，本心は疲れているのでどこか余裕のないイライラ感を漂わせて（関係レベル）いるのである。つまり，内容レベルのメッセージと関係レベルのメッセージとの間には明確な矛盾が存在する。このようなとき，もし子どもが素直に母親の内容レベルに反応して近づいて行ったならば，疲れている母親は無意識に引くであろうし，敏感にも母親の関係レベルに反応し不満そうな顔をしたとすると，母親からも親和的な反応は返ってこないであろう。すなわち子どもは，母親の内容レベル，関係レベルのどちらに反応しても，母親からの好ましい反応は期待できないのである。

3．創造性の発現

　知的能力を構成する中心的な要素は知能と創造性である。その中で創造性というのは，文化的・社会的・個人的に新しい価値あるものやアイデアを生み出す能力と，その基盤となるパーソナリティ特性のことを指すが，極論すればアートなどはこの創造性が解放されることによって生み出されたものと捉えることができる。KJ法を考案した川喜多（2010）は，人が創造的な仕事ができるようになるには，「自発性」「モデルのなさ」「切実性」の3つの条件をどれだけ高次に備えているかによって決定されると述べている。つまり，あることをしたいという意欲は自然と湧いてくる（自発性）ものの，最初からこれといった具体的なモデルや見本，マニュアルなどはまったくなく（モデルのなさ），それでもそれを達成することに熱中し，没頭してしまう（切実性）という姿勢であり，これはそのままアートによる創造活動にも当てはまる。
　創造性の発現には，新しい価値ある着想を生み出すような創造的思考が深く関与しているが，そこでは想像が重要な役割を演じている。想像とは，過去の経験によって得られたイメージについて，これまでの既成の概念や枠組みを超えて自由な観点からこれを見直し，再構成して新しいイメージを作り，さらにそれを駆使して新たな着想を見出すことである。そしてそこでは同時に，与えられた情報から一つの必然的な解答を導き出す「収束的思考」だけではなく，

考え方を多面に広げ，さまざまな可能性からできるだけ多くの答えを得ようとする「拡散的思考」も求められる。常識的な構えにしがみつき，社会的に意味が固定化された発想からは，つまらない通俗的なものしか生まれないからである。どんな創造的な活動も常に自己の経験に開かれていて，イメージと戯れることなくしてはなかなか発現されないのであるが，これはそれまでの自己の画一性をくつがえすということでもあるので，本人にとっては大冒険であり，活力ある生命エネルギーも必要になる。

　創造性の発露は，子どもの遊びの中にも見出すことができる。まだ既成の枠組みによる束縛からは比較的自由な子ども達は，これから成長していく上で必要なさまざまな能力を遊びを通して柔軟に培っていく。さまざまな場面での子ども同士の交わりによって人間関係の在り方や社会のルール，それに集団の中での個人の責任といったことまでも身につけていくが，'ごっこ遊び'に象徴されるように，知識の習得以外に創造力やイマジネーションも発達させていくのである。ギルフォード（Guilford, J. P.）の創造性検査は，創造性の思考特性を流暢性，柔軟性，独創性，具体性の4つの次元から捉えようとしたものである。その中から試みに固定観念を破って多様なアイデアをもつ柔軟性：「新聞紙，読むこと以外にどんな使いみちがあるでしょうか」と，アイデアのオリジナリティを捉えようとする独創性：「どのようなテレビがあったらよいか，夢をできるだけたくさん書いてください」の2問（検査ではいずれも例題として載せられているもの）を小学5・6年生男子77名に行ってみた。すると新聞紙については，「小さな家を作る，仮面を作る，叩いたり破ったりしてストレス発散」といった反応が，またテレビについては「空に大画面で映る，自分が中に入って遊べる，CMの商品が手に取れる」など子どもらしく，しかもユニークな内容のものが多くみられた。

　子どもは誰でも，創造性豊かな芸術家にもなれる。図Ⅰ-1は6歳男児の「スペースシャトル」である。地球からいよいよスペースシャトルが宇宙に向けて飛び立っていく。そこには以前に打ち上げられている人工衛星が会いに来ているし，UFOも歓迎のお出迎え。遠くには火星も見えている。そしてこのスペースシャトルには，いつでも安全に地球に帰還するための宇宙船が後ろについているのである。一度にたくさんの視点からスペースシャトルを主役にした宇

36 | 2章 アートによる表現の可能性

図 I－1　スペースシャトル
（提供：磯ヶ谷美奈子）

宙を心に描き，楽しいパノラマの世界を創造している。
　子どもの創造的な表現は，これがさらに何人かの協同創作になったりするとお互いが創作意欲を刺激し合い，想像力は一層かき立てられ，意外性を伴ったおもしろい方向へと発展したりすることがある。小学5年の男女に2年生の男子が加わり，3人で模造紙（約80×110cm）に絵を描くことになった。用意されていた画材はクレヨンだけであったが，いつの間にか3人は外に出て色とりどりの落ち葉や枯れ枝を拾い，持ち帰ってきた。「他の人が何を描こうとしているかは聞かない」ということだけをルールにして，それぞれが思い思いの場所で描き始めたのである。最初はお互いが何を描こうとしているのか探っているような雰囲気も見られたが，10分も経たないうちに軽快なリズムとダイナミックな動きが生まれてきた。最初，3人が別々に描き始めていた人間や小動物は，すぐにそれぞれの領域から抜け出して，互いに気軽に交じり合って一緒に移動したり，手を取って踊ったりするなどの行動が見られるようになったのである。こうして模造紙という広い表現空間を3人は思う存分使い切り，30分ほどで1枚の作品を作り上げている（図 I－2）。最初は「そこは貼らないで欲しい，描かないでくれないかな」「相手のことがわからないので歯がゆい」と思ったこともあったが，「イメージがどんどん膨らむ」「人や動物が木や葉でつながっている感じ」「何となく人のことがわかったし，絵もいいものになっ

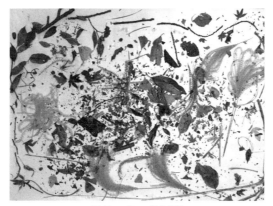

図 I−2　共同画
(模造紙：約80cm×110cm．提供：関口つばさ)

たと思う」といった感想からは，作品を協同で完成させていく過程が如実に伝わってくる。子ども達は絵を描きながら，外界を視覚的に描写するよりも，心に浮かぶイメージの流れに任せて即興的にこれをドラマ化し，思いのままに表現しているのである。子ども達がこの作品につけたテーマは，「人が踊ってる」「つながっている地球」「演奏会」などであり，それぞれが最初心に描いていたモチーフからははるかに発展したものになっている。

(1) 創造の病

　自我の退行は，自我の統制が弱まっているときにばかり起こるのではなく，たとえば芸術家の創造過程といった生産的な活動の中でも起こりうるものである。クリス (Kris, E., 1952) は，創造活動に伴う心のメカニズムについて，精神分析的自我心理学の立場から「創造的退行 (creative regression)」の概念を提唱している。彼は芸術など創造活動に携わる人の観察や内省に基づき，創造過程を「自我による，自我のための，一時的・部分的退行」と捉え，単に未成熟な発達段階に逆戻りする退行現象とは区別し，創造的で健康な退行に着目した。人が創造的な仕事や思索に没頭しているとき，自我は一時的に退行状態にあって，さまざまなイメージが前後の脈絡なく出現したり，時間感覚はぼや

け，現実と非現実，意識と無意識が渾然一体となってしまうことがある。しかしこれは，それだけ自己の内面の深層に身を置いているということであり，この一次過程を利用して日常では自覚できないような感覚や情動，欲求などを体験していて，そこから現実を超えた新しい視点が開けたり，気づきが生まれたりするのである。しかも自我は，こうした深層のうねりに一方的に圧倒されたり，翻弄されているわけではない。自我機能の一部はいつも退行せずに機能していて，自己の退行の様態の認識は可能な状態にある。

同じように，創造の過程で見られる特殊な退行の一つとして位置づけられているのが，エレンベルガー（Ellenberger, H. F., 1870）が提唱した「創造の病（creative illness）」である。これは世界的に著名な宗教家や哲学者，研究者などの例から，真理探究のために創造活動に真剣に取り組み，没頭している人の中には，一時期，極度の抑うつ状態や神経症，心身症，ときには精神病の状態に陥り激しい孤独感に悩まされたりするが，やがては確かな創造的発見を獲得したという確信をもって現実生活に復帰してくる人がいるというものである。本人はこれを心の病とは捉えず，創造的な仕事を成し遂げることが症状や悩みを治す唯一の方法と考えているのであるが，その実現には自我の強さと柔軟性が前提になっている。

数年前に還暦を迎えたある詩人は，突然新しい構想が湧いてきたりすると，数日間ほとんどまともな睡眠や食事もとらずに詩作にふけってしまうため，つらい抑うつ状態に陥り，これまでにも短期の入院を何度か繰り返したことがあった。今回もそのような状態になることが予感されたため，どうにかしてそれだけは回避したいと自分から病院のデイ・ケアーを訪れ，毎回短時間ではあるが参加者と談笑したり趣味の絵で，人の顔を描いたりすることで1ヵ月近く過ごしていた。図Ⅰ-3はそんなとき心理の若い女性スタッフをモ

図Ⅰ-3　女性の顔

デルにして描いた顔である。「底の知れない暗黒の闇に引きずり込まれないようにするためには，人の顔を描くことでしか現実の世界にとどまれないと思ったので，それに必死にしがみついていなければならなかった」のだと言う。こうして何とかその状況はやり過ごせても，ときに状態があまり良くないときは現実に踏みとどまるのがむずかしくなって，顔の輪郭は描けても，目鼻や口を描く段になると相手と正面から向き合うことになってしまうので，怖くてどうしても描けなくなってしまう。それでも，やがて一連の詩を創作した後には，再びゆったりとした時間の流れの中で心を癒せるような生活を取り戻している。

4．表現の病理

　作家や芸術家など，世間では天才と評価されている傑出した人物を対象に，彼らの創造活動と精神生活との関連を精神医学や臨床心理学といった視座から解明しようとしているのが病跡学（pathography）である。たいていは本人の作品や日記，書簡，それに自伝といったものが多く残されているので，そうした豊富な資料は多面的な研究を可能にしている。たとえば宮沢賢治には，既視体験や共感覚，それに夢幻様体験などがあったとされていて，その片鱗は彼の童話作品の幻想的な世界の描写などにも見られる。35歳の頃の作品である「銀河鉄道の夜」では，愛する妹を失った悲しみは深く，精神的には瀕死体験に陥り，妹の死出の旅路に同行しているときに体験した一瞬の眩い生命の光といったものが根底のモチーフになっているとも言われている。病にもかかわらず創造性が発揮されたのか，それとも病のゆえに創造が行われたのかといったアプローチもできようが，正気と狂気，精神性と肉体性，意識と無意識といったように，人間存在の極限にまで触れるその人の全体性として，創造の過程を捉えていくという視点は外すことができない。

　この病跡学と近い領域にあるのが表現病理学（expressive psychopathology）である。これは，心に病を抱えている人や行動異常を示す人，それに思春期・

青年期や子どものクライエント等が表現した絵画や造形，文章，これに加えて表現活動，創作行為そのものの過程から，クライエントの病理や病態，行動傾向に特徴的な表現を抽出して体系化することにより，それを治療に生かしていこうとする学問である。表現病理学においてこれまで

図Ⅰ-4　物化した犬

多くの研究や議論が積み重ねられてきたのは，統合失調症の表現についてであろう。ここで彼らの表現活動について個々の特徴を取り出して検討する余裕はないが，宮本（1997）が創造と表現の病理に関する論文をまとめたものの中で，慢性化した統合失調症者の絵画について論じた内容は心理臨床に携わる者にとって示唆に富んだものである。

　それを簡単に要約すると，①人物を描くとき，ふつうは斜め前からのものも少なくないが，ほとんどが真正面向きであって，しかも構図的には顔は横向きであるにもかかわらず，目だけは正面を向いているように描かれている。

　②これは立体的なものの描写にも当てはまり，奥行きや陰影がはっきりとは描かれないため，家やビルといった建物なども平板化したものになっている，ということである。

　統合失調症で10年以上も入院している40歳代の男性，絵はもともと好きだし得意でもあった。ただ，病室の窓から見える風景を描くとき，家屋やビルはいつも奥行きがしっかり描かれていないので，そこだけは2次元の空間のようで，見る人に奇妙な印象を与えていた。奥行きの向こうには「何があるかわからないし，怖い感じがする」というのが彼の理由である。図Ⅰ-4は里山を散歩しているときに会ったかわいい子犬を描こうとしたものである。道端の笹はどれも若葉色に塗られていて生き生きしている。ところが肝心の子犬は最初，顔は正面を向いていてやわらかい線で縁取りされていたのであるが，突然「ジッと自分のことを見ているようで嫌だ」と両目を黒く塗りつぶしてしまった。

そしてさらには子犬全体を太い線で上塗りし，荒削りの彫刻の置物のように，ほとんど生命感が感じられない対象に物化してしまっている。子犬は好きなのだが，「自分の心に入り込んでくるように感じられたので，どうしても目も胴体も塗りつぶしたくなってしまった」と話している。

3章　イメージの治癒力

1. イメージの世界

　イメージとは，目の前にない対象を直観的，具体的に心の中に描いた像のことを意味し，通常は心像とか表象とか呼ばれるきわめて主観的で個人的な心理現象のことをいう。このイメージには外界の模写に近いものから，実在のものとは程遠い夢やファンタジーまでと，その種類はかなり幅広い。周知のように，心理学の主流は人間の行動を研究対象とし，これを客観的な観察に基づいてその事象が生起する因果関係を明らかにして法則を見出す，いわゆる'行動の科学'として発展してきたので，イメージのような主観的体験はあまり重視されてこなかったのが現状である。

　とはいえ，私たちが何かを創造するとき，何らかのイメージを自分の内部に形成している。すなわち，あらゆる創造的活動の背景には，必ずイメージが存在しているのである。イメージには，直観や非概念的要素が多く含まれるがゆえに，思考を柔軟にし，常識的枠組みにとらわれない独創的な発想を可能にしてくれる。そしてこれが心の底に潜んでいた根源的な感情や情動，欲求と結びついて，絵画，音楽，文学など，人を感動させる素晴らしい芸術作品が創造される。新しい商品開発や起業の際にも，机の上であれこれ頭を悩ますよりも，綿密な市場調査とともに夢やひらめきから得たアイデアを大切にし，これを新規事業や開発に生かしたほうが成功する確率はずっと高くなることは経験的に知られている。イメージが媒介者となって，内的世界と外的現実との間を橋渡ししているのである。

人はイメージによって，漠然とした不確定な内的世界や不可知な深層までをも意識したり体験できる機会を得ている。またイメージは，自律神経系や生理反応といった身体機能にも影響を及ぼすので，神秘的，超越的で未知の了解できない世界に根ざす象徴（シンボル）も，鮮明な身体感覚を伴ったイメージとして意識化されたりもするのである。つまり，言語化以前の思いや言語化が困難な感情的要素をイメージで表現することで，伝統的，慣例的な思考方法では捉えられないような両義性や矛盾を包括し，微妙なニュアンスや前概念的な世界をまるごと抱えて考えることだってできるのであって，これは優れて人間的な営みというよう。

　このような意味で自己理解や他者理解，そして状況理解を深めたいと考えるとき，感覚，知覚，記憶，思考はもとより，感情や直観，感受性といったあらゆる心理機能を総動員させて対象に深く関与し，根源的なレベルでの相互的かかわりから多面的に吟味していくことが大切になる。そのとき，イメージの世界は現実の世界に対する見方に微妙な影響を与えるので，そこに映し出された世界はもはや対象の単なる'写し'ではなく，自己の内部で再構成された豊かな意味を含んだ新たな世界である。私たちは現実世界で対象を理解したり，自己を表現しようとするとき，観念や思考，行為の根底を流れるイメージに依存しているのであって，そこから将来への夢やヴィジョン，そして多くの人を感動させる芸術が生まれているに違いない。このように対象の理解や自己表現は，計り知れない可能性を秘めたイメージの過程と不可分の関係にあるのである。

（1）イメージトレーニング

　スポーツ選手は競技力を高めるために，日夜激しい練習に励んでいる。基礎体力をしっかり身につけ，技を磨くのはもちろんであるが，どんなに過酷な競争場面でも不安を克服し，自信をもって臨めるように精神面を鍛えることも大切な練習の課題になっている。この精神面を鍛えるトレーニングで最も一般的なのがイメージトレーニングで，不安や緊張を効果的にコントロールし，集中力を高め，競技力を向上させる能力を開発することを目的に広く行われている。このイメージトレーニングに類似した用語に，イメージリハーサルやメンタル

リハーサルといったことばがあるが，いずれも頭にイメージを思い浮かべて練習する方法であることにかわりはない。

　たとえばバレーボールの選手なら，サーブ，レシーブ，アタック，ブロックなど，基本動作を反復練習したり実践で経験を積むことで技量を向上させていくと同時に，心身をリラックスさせ理想とするプレーをイメージしてそれに近づけようと努力したり，実際の自分の動作を心の中で再生して問題点のチェックや改善点の探索にも役立てようとしている。これは何も一流のスポーツ選手に限られたことではなく，その原理は誰もが普段の生活で活用しているのである。俳優は演じる役の人柄や行動特徴などをあれこれイメージして，その人になりきろうと試みるであろうし，ミュージシャンは共演者と奏でるメロディーラインやハーモニーを心で聞きながら，一人で練習に励むこともできる。私たちも重要なプレゼンテーションや面接を明日に控えているようなとき，落ち着いて伝えたいことをはっきり表現できている自分を何度もイメージでリハーサルすることで緊張やストレスをコントロールし，自信をもってその場に臨めるような準備をしているに違いない。もっともこれが積極的な思考ではなくマイナスの思考に支配されてしまうと，人前で失敗して恥をかくのではないかと不安や恐れを抱きながらその場面を繰り返しイメージすることになるので，結果的にこれはネガティブな内容のイメージリハーサルを行っていることと同じである。このネガティブなイメージリハーサルでは，現実場面で実際に失敗したり恥ずかしい思いをすることで高まっていた緊張や不安は一時的にせよ低減されるので，この連鎖がパターン化されてしだいに身につくようになると，臨床的な問題へと発展しかねない。

　また，'心身一如'ということばがあるように，心とからだは一体で離れがたい関係にある。この心とからだをつなぐものとしてイメージを位置づけることができようが，心に描かれたイメージの内容に呼応して人の生理機能も反応するし，さらにそれによって外界や自己の認知の仕方も確実に変容していく。ゆったりと構え，自信をもって行動している自分がイメージできているときは，脈拍や呼吸も安定していて心身共にリラックスした状態が維持されている。反対に，心配や不安に駆られ浮き足立っている自分ばかりがイメージされているようなときは，全身の筋肉は緊張して固くなり，呼吸が乱れたり手に汗をかい

たりで，このときばかりは外界や人が怖く感じられたりするものである。

　徳永・橋本（1991）は，スポーツ選手が効果的なイメージトレーニングを行えるようになるためのイメージ体験の特徴について，主に2つの要因を挙げて論じている。まずその一つは，イメージの鮮明性とイメージのコントロール能力の高さである。鮮明性とは，どれほど鮮明なイメージを描けているかということで，イメージの鮮明度と技能水準との関係を調べた調査でも，概して技能水準が高い選手ほど視覚的，聴覚的イメージや身体運動感覚，それに感情に関してもこれを鮮明なイメージとして体験していることが明らかになった。またこれと並行して，競技の重大な場面で「失敗するのではないか，負けるのではないか」というイメージが湧いてきても，早い段階でこれを成功イメージに切り替える能力も高い傾向にあることが確かめられている。

　そしてもう一つが「内的イメージ」と「外的イメージ」の関係である。ここでいう「内的イメージ」とは，人があたかも実際の場面で行動しているのと同じような感覚を伴ったイメージ，つまりリアリティ感のあるイメージ体験のことであり，「外的イメージ」とは理想とする自分のフォームを繰り返し心に浮かべるというように，観察者に近い立場から自分の行動を見ているようなイメージを指している。そして技能水準の高い選手には，いつもの練習によって身体の運動感覚が筋に記憶されていることもあって，イメージトレーニングには身体の運動感覚を伴った「内的イメージ」が用いられる傾向が顕著であったという。このようなことから技能水準の高いスポーツ選手は，見えているのは今運動している自分の視野であり，そのときの身体の移動に伴うスピード感や筋肉の張り具合といった身体感覚が生き生きと実感できていて，理想とするフォームをイメージすることよりも，そのときの心の状態や気持ちをはっきりつかめるようになることを目標にして練習していることになる。

2．イメージの諸相

　イメージには，いろいろな特徴をもったものが存在する。同じ人でも，いつ

もは淡墨で覆われた静寂の中にいるようなイメージが主流だったのが，年月の経過とともにそれがゆっくりと変化していき，いつの間にかダイナミックなうねりとともに具体的な対象が鮮明に登場してくるようなイメージが多く出現するようになったりするのも珍しいことではない。人の話に耳を傾けていると，それぞれが抱いているイメージの特徴は千差万別で，そこからその人固有の世界が垣間見えたり，これまで何気なく見過ごしていた行動の真の意味が理解できたりもするのである。心理臨床に臨むとき，セラピストがクライエントの，あるいは自分自身のイメージの特徴をしっかり把握できているかどうかは，セラピーを建設的に展開させ，クライエントを改善の方向に向かわせることができるかどうかのキーポイントになる。ここではイメージの特性や体験様式，それにイメージ体験の多様性を中心に検討してみる。

（1）イメージの特性

人が体験しているイメージの特性はかなりの個人差があるとともに，同じ人であっても時間や状況の変化によって刻々と変わっていくものである。また，それぞれの特性は独立して成り立っているわけではなく，相互に密接な関連をもち，今どのような特性が優位になって構成されているかというところからも，その人が体験しているイメージの世界を理解することができる。このイメージの特性に関しては，水島（1988），田嶌（1989），河合（1991）らの優れた考察があるが，ここではこれらを基にして改めてまとめてみる。

① 鮮明性

思考や記憶の再生には鮮明なイメージが必要とされるであろうし，以前に経験した視覚的な印象の再現象である直観像（eidetic image）は，再びその場面がありありと目の前にあるかのように鮮やかに映し出してくれる。イメージの鮮明性は，ある意味，イメージの構造化の程度や質と関連づけて捉えることができる。ここでいう構造化されたイメージとは，イメージの内容が具体的であるとか抽象的であるとかということではない。渦巻きのような抽象的な動きがイメージされたとしても，本人がその動きやそこに込められている意味，感情

などをはっきり実感し，把握できていれば，それは鮮明なイメージということができる。「イメージトレーニング」のところでも触れたように，'リアリティをもって実感されているイメージ'ということもできよう。知覚的には抽象的で構造化されていないイメージであっても，意味的には構造化された体験を伴っているからである。たとえ幼い頃の自分の姿をはっきり心に浮かべることができたとしても，それに固着していたり，付加される自分なりの意味づけや感情が漠然としか体験されないのであれば，それは疑いもなく不鮮明なイメージということになる。

② 自律性

　楽しみにしている旅のことを考えていたら，いつの間にか自分が予定している観光地を勝手に歩き回っている光景を心に描いていたりする。イメージの自律性とは，イメージが本人の意思によるコントロールから離れ，まるで生き物のように独自の動きをしていく性質のことである。イメージが自律的か統制的かということは，イメージに対する心的構えとも深く結びついている。記憶の再生などのように，特定の事柄を意図的，選択的に浮かべたイメージは，イメージの内容そのものが，その人の統制下にあるという感覚，あるいは自分がそのイメージを浮かべているという主体の感覚が強いので，それほど自然な変化は起こらない。もし記憶の再生や思考の過程で，イメージが勝手に展開していってしまったら，かえって考えがまとまらなくなるので，あえてそれを中断し，もとのイメージに戻すという操作を加えざるを得ない。

　ところが，イメージは本来，自律的に変化していくものであるから，イメージが個人の操作を離れ，無意図的に動き出し，一人歩きを始めるのはごく自然な現象である。受動的，探索的な構えでイメージを想起させているときほど，イメージの自律性は高まるといわれている。自律性が高まるというのは，それだけイメージ自体が個人の日常の行動様式からはみだし，常識の枠組みもなんなく超えていくことができるということである。自我のコントロールから解放され，深い心の層から湧いてくるイメージは，そこに創造的でユニークな世界を作り上げていくが，これはパーソナリティの柔軟さの反映でもある。

③ 具象性

　イメージの内容が抽象的なものであれ，具体的であれ，視覚的イメージのほとんどは具象性を備えている。このところ意気消沈していて仕事にも意欲的に取り組めない自分を反省し，何とか元気を取り戻そうと，前向きになっている気分を想像しようとするが，気分だけの想像は不可能であって，実際に自分が楽しく積極的に振る舞っている状況を具体的にイメージするわけである。ある目標を成し遂げたという達成感や充実感は，ハイキングやジョギングをイメージしても満足感はそこそこのものでしかなく，やはりアルプスの山々を踏破したとか，フルマラソンで完走したとかいったイメージのほうが感動はずっと身近なものになってくる。

　イメージには必ず，外的現実や実際の経験の再生的要素が含まれる。ただし，外的現実や経験を完全に模写したイメージや，再生したイメージは存在しないし，反対に，すべてがその個人に固有の内的世界から生じたイメージも存在しない。思考や記憶のように，外的現実や過去の経験との間に一定の関係が保たれているようなときは，写実的・再生的イメージが用いられるであろうし，それとは逆に，内的世界をリアルに映し出しているようなイメージは，現実や社会常識に縛られることなく，複雑な感情や欲求的要素が多く含まれていて，私たちが心理面接などでなじんでいるイメージになる。

④ 多義性

　誰にとっても，イメージでしか語れないストーリーはある。心的な事象をことばではどうしてもうまく表現できないということは，それだけその内容に多くのことが集約されているからである。田舎にいる母親のことを思い出すといつも，何ともやりきれない思いにさいなまれてしまう人がいたとしよう。それを人に説明するのはそれほどむずかしいことではなかった。母親に褒められた記憶はなく，いつも叱られたりけなされてばかりいたからというのがその理由である。ところがこれだけでは母親への思いを語ったことにはならない。結婚して子育てをしている現在，孫の顔を見せに帰省するという気持ちにはどうしてもなれなかったのである。そこには母親への怒りの感情とともに，仕返しや復讐といった気持ちも込められていて，またそうした態度をとっている自分へ

の自責の念も絡んでいた。このように母親に対する感情や欲求は複雑で，本人にとっての意味がきわめて多義的になっているので，これを表現しようとしても，ことばはときに無力かもしれないし，ましてや他者がこれを一義的に解釈することなど，とうていできない。

　このようにイメージの多義性は，イメージのもつ象徴性とも密接に関連している。強いインパクトを受け，自分にとって象徴的なイメージと感じられたとしても，その実感が強ければ強いほど，どこがどのように象徴的かなど，人に説明できるものではない。象徴という場合，何かが何かの代理として表わされているということではないからである。国宝第1号という説明を受けながら広隆寺の弥勒菩薩像を見て感動する人もいようが，何気なく立ち寄った古寺で，名もない粗削りの仏像と出会ったときの感動が心身に深く刻み込まれたりすることがある。それからは，いつもその仏像を心に描くと，心は穏やかになり平安がもたらされるのである。もしそうだとすると，こちらのほうが本人にとってずっと意味深い象徴的なイメージということになる。あるイメージが，その人にとって象徴として機能することもあるし，単に平凡なものとしてしか映らないこともある。これは個人がそのイメージを，どのように体験し受け取ったかという，その人の態度いかんによるのである。

⑤ 感覚のモダリティ

　ふつうイメージというと，視覚的イメージが思い浮かぶが，中には聴覚や皮膚感覚，そして臭覚や味覚までも体験する人がいる。催眠状態や深いリラクゼーションを体験しているようなときは，視覚以外の感覚モダリティも経験することが比較的多いとされている。たとえば，海辺を散歩しているイメージで，素足で歩いているときの砂の感触やさざ波の音，それに海の香りや塩水の味なども感じながらイメージに浸ったりできる人もいるが，いずれの場合でも視覚的イメージが中心になって展開している。

（2）イメージの体験様式

　人のイメージを理解していこうとするとき，どんなイメージを描いていたの

かという内容だけではなく，その視覚的イメージがどのように体験されているかという体験様式についてもしっかり把握している必要がある。類似したイメージと思われるようなものでも，それを傍観者的に眺めているようなニュアンスが強いような場合もあれば，すっかりそのイメージの流れに没入してしまっていることもあり，人や体験される文脈によってもイメージの体験様式はさまざまなものが存在するからである。田嶌（1990）は，イメージの体験様式としてつぎの6つのステップを挙げている。ただし，これはあくまでも一般原則的なもので，あらゆるイメージがこの段階を踏んで展開していくということではない。

① イメージ拒否・イメージ拘束

　イメージを浮かべるのが苦手だったり，抵抗感や拒否感を抱いている人はいるものである。その人に無理に浮かべてもらおうとしても，自然な動きを伴ったイメージは想起できない。イメージ生起をうまく誘導するために，心身のリラクゼーションを導入したり，最初だけ誰にでもなじみ深い海や山のイメージを指定したりすると，案外これにつづいてイメージが湧いてきたりするものである。また，イメージは浮かぶのであるが，それがいつもきまった内容でほとんど動かなかったりしても，それ自体を自分のイメージ体験としてゆったり構えていれば，いずれは緩やかに動き出したりする。

② イメージ観察

　たいがいはイメージ開始時に体験されるものであるが，遠くの風景や人の動きなどをただ観察者的に眺めているといったのが典型で，本人とのかかわりはうすく，一定の体験的距離が保たれているようなイメージである。したがってこのときの体験を表現するような場合は，淡々と説明的なものにならざるを得ないであろう。

③ イメージ直面

　イメージに現れた対象と向かい合っている状態である。イメージに没入し始め，何らかの感情も感じられるようになっていても，イメージの自律的な動き

に身を任せるまでには至っていない。どこかに抵抗感や無理があるので，イメージが一時中断したり場面が突然変わったり，身体のどこかに緊張や違和感を感じたりと，それが心や身体にいろいろな形をとって反映されてくることも少なくない。

④ イメージ体験

　いよいよイメージに没入して，その自律的な動きに身を任せられるようになり，イメージとそれを浮かべている人との体験的距離がほとんどなくなっている状態である。この段階になると，身体感覚も敏感に感じ取れたりするので，イメージの中で起きていることが，あたかも現実の体験のように感じられたりする。このようなイメージ体験の深まりは，心の中で渦巻いている感情や欲求といったさまざまなに未分化な思いに気づきをもたらし，それを明確に把握できるようになるためのきっかけを与えてくれる。

⑤ イメージ吟味

　イメージ体験をじっくり味わい，その意味を感じとって相互に関連づけたりして，これをまとまりのある概念として自分の中に位置づけているプロセスである。イメージを吟味するということは，イメージ体験を現実レベルでことばや概念とつなげ，まとめていくということなので，その人にとってはとても意義ある作業にほかならない。

⑥ イメージ受容

　やはりイメージで体験したことは，身体感覚も含めすべてが自分自身の主体的な体験として認め，これをそのまま受けとめられるようになって初めて，その人のイメージ体験は実を結ぶことになる。

（3）イメージ体験の多様性

　自己の内面のかすかな鼓動に耳を澄まし，その流れに添っていると，浮かんできたイメージはしだいに生命力をもって動き出す。やがてそれは時間の経過

とともに刻々と変化していき，ついには一つの文脈やまとまりとなり，私たちはそれを経験することになる。こうしたイメージ体験の様態は，ある意味，その人の自己の内面とのかかわり方を反映していると捉えることができる。そしてつぎに，この自らのイメージ体験をことばや描画などの媒体によって表現していくことになるが，この外在化の過程では，イメージ体験とそれを表現する自己との間には適度な距離が保たれていて，これが丹念な現実吟味を可能にし，自己洞察へと導いてくれる。神田(2007)は，イメージ想起からそれを外在化（今回は描画表現）し，吟味するに至るまでの一連の体験の過程と個人差を，ある体験学習の場面を設定して検討している。

① 体験学習

今回，体験学習に参加したのは臨床心理学専攻の大学院生を中心とした38名である（男子15名，女子23名，平均23.8歳）。各回3～10名の小集団で実施している。イメージ体験を捉える指標としては，これまでの心理臨床の実践からイメージ体験を把握するための観点として重視してきたものを中心に14項目からなる「イメージ体験尺度（5件法）」（表Ⅰ-1）を作成した。もう一つは「イメージ特性尺度（7件法）」で，体験されたイメージの特性を捉

表Ⅰ-1　イメージ体験尺度の項目内容

項目	内容
1. 現実感	現実感を伴っている
2. エネルギー感	内的なエネルギーが感じられる
3. 内界親密感	内面の深層に根ざしていると感じられる
4. 内界投影感	自分の内面を反映していると感じる
5. 有意味感	自分にとって意味深い体験に感じられる
6. 意味の多義性	多義的で複雑な意味合いをもつと感じる
7. 発展性	可能性や発展性が感じられる
8. 対外的再生感	過去の再現や現実の模写といった感じがある
9. 感情実感	感情の変化の過程をしみじみ実感していた
10. 内的安定感	内面で深い安定がもたらされた感じ
11. 統合感	全体としてまとまりと一貫性が感じられる
12. 自己帰属感	"自分のイメージ" という実感がある
13. 自己親和感	全体として自分でも納得ができる
14. 身体感覚	微妙な身体感覚も敏感に感じられた

えることを目的に，以下の5つの特性について評定してもらっている。
 a. 自律性：イメージの自由で自発的な展開
 b. 流動性：イメージの連続的で自然な流れ
 c. 力動性：イメージのダイナミックな変化や展開
 d. 鮮明性：イメージそのものの鮮明さ
 e. 受動性：イメージの非意図的な展開

　イメージへの導入を容易にするため，ウォーミングアップとしてリラクゼーションの後に'海'または'高原'をイメージするよう指示し，浮かんできたらそれをそのまま5分ほど眺めてもらった。ここから体験学習の本題に入る。再び閉眼して自然に浮かんでくるイメージ（自発的イメージ）の流れや展開にまかせ，しばらくは眺めてさまざまな体験を受けとめているように教示した。やがて，イメージ展開が一段落したら自分の判断で眼を開け，そこまでの体験を2つの評定尺度に記入してもらった。ほとんどの参加者は，このイメージ体験に20～30分を費やしている。

② 描画による表現

　各人のイメージ体験の中から，とりわけ印象に残っている場面や描画として表現してみたい内容をクレヨンで何枚も自由に表現してもらった。この描画制作が終了したところで，今の経験をイメージ体験尺度に再度評定してもらう。ウォーミングアップからイメージ体験，描画表現までの時間は約2時間程度である。参加者には1週間後にグループごとに集まってもらい，お互いの体験について語り合う振り返りのセッションを設けている。

③ イメージ体験の類型

　イメージ体験の様態をその特徴から類型化するために，イメージ体験尺度の得点を変数としてクラスター分析（非階層法）を行い，3クラスターを抽出した。さらに各指標について一要因の分散分析を行い，すべての項目で有意な差が認められたので多重比較（テューキー法）をしている。また，イメージ特性尺度についても尺度ごとに分散分析し，5尺度すべてに有意差が見られたのでこちらも多重比較をした。これらの結果に基づき，イメージ体験の様態の特徴

からこれをグループにまとめてみると，おおよそ3つのタイプに分けることができると考えられる（図Ⅰ-5）。各グループの特徴は，

〔A：体験距離型〕（17名）……イメージ体験とイメージ特性の両尺度とも，ほとんどの項目で得点は低く，総じてイメージとの体験的距離が保たれている体験距離型である。すなわち，生起したイメージに対して感情はあまり付加されず，自己の内面が投映されたイメージ展開というよりも，断片的に浮かんでくるイメージを眺めているといった傾向が顕著で，身体感覚に乏しく，内的な安定感や全体としてのまとまり，一貫性はそれほど実感されていないことがうかがえる。この傾向はイメージ特性尺度の結果にも反映されていて，自律性，受動性，鮮明性の得点が他の2群より極端に低いことから，イメージの自然な流れに任せるというよりも，意図的にイメージを統制しているという意識を持ちながら，日々の内的世界が生き生きと反映された鮮明なイメージを体験しているという実感は薄いことがわかる。

〔B：体験一体型〕（14名）……イメージ体験尺度の内界親密感，内界投映感，それに有意味感の得点が高く，内面の深層を反映した意味深いイメージとして体験していることが推測される。これに加えて自己帰属感，自己親和感の

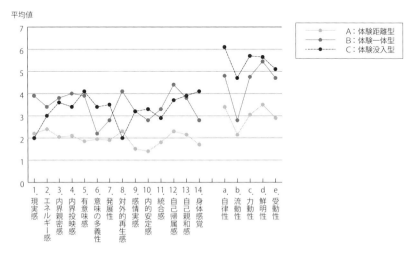

図Ⅰ-5　イメージ体験とイメージ特性のプロフィール

Ⅰ．生活の営みとしての表現　　55

得点も高いことから，それらは'自分のイメージである'という実感を伴っているといえよう。さらに現実感，対外的再生感の項目も高いので，イメージ体験はけっして現実の生活から遊離したものではなく，現実感を伴っていて現実検討力は高く保たれていることになる。一方，イメージ特性尺度では，自律性，力動性，それに鮮明性，受動性の項目得点が高いことから，あえて意図せずとも鮮明なイメージが自在に湧いてきてはダイナミックな展開をしていったと捉えられていて，これとイメージ体験尺度の特徴と合わせると，この群はバランスのとれた深いイメージ体験をしている体験一体型である。また，全体の7割近くのものから「子猫の柔らかい毛ざわり」「甘酸っぱいリンゴの味」「陽だまりの匂い」などと，皮膚感覚や味覚，臭覚といった視覚以外の感覚のモダリティーが報告されているのもこの群の特徴である。

〔C：体験没入型〕（7名）……この群の体験プロフィールは，一見，体験一体型のものとよく似ている。しかし，それだからこそ，両群間の差異に焦点を絞って検討していくことで，その基本的な特徴は浮き彫りになると思われる。まずイメージ体験尺度では，現実感，意味の多義性，対外的再生感，身体感覚の4項目を除いた残りの10項目では体験一体型と有意な差は認められなかった。このことからすると，この群のイメージは内面の深層に根ざしたものであり，自己の内的世界が如実に反映されたものとして興味深く感じられていることになる。ところが，現実感と対外的再生感は3群の間で最も低いので，体験されているイメージの内容は日常の現実からは離れた抽象度の高い状況の中で展開されていて，しかもリアリティはそれほど感じられていないことがわかる。また，意味の多義性，身体感覚の得点も低いことから，イメージの内容や体験をさらに膨らませて展開させていくというよりは，むしろそれにとらわれてしまう傾向にあって，これを身体感覚なども使って感受していこうとする方向へはうまく機能していないと推測できる。また，イメージ特性尺度では，自律性と流動性の得点が突出して高く，イメージはダイナミックに，しかもつぎつぎと展開していったと認識していることになる。しかしこれにイメージ体験尺度の特徴を加味して考えると，この群では確かに，体験一体型と同じように前概念的な深いイメージを体験していると推測できるが，ときにそれがイメージの展開に圧倒されたり，埋没して流された

りして，現実感覚や主体感覚が希薄になってしまうことが起こりうることが十分に予想される．いわば体験没入型ということができよう．

④ 表現によるイメージ体験の変容

つづいて，各自のイメージを描画を媒介にして表現する（外在化させる）ことによって，イメージ体験の様態はイメージを想起しているときと比べどのように変容したかを捉えるために，描画表現直後にも再度実施したイメージ体験尺度の結果と比較してみた．その結果，描画という表現活動を経験することにより総じて得点は上昇する傾向にあり，イメージ体験時より描画表現時のほうが有意に低かった項目は，3群のいずれにも認められない．

そこで，さらにその内容を具体的に検討してみると，まず〔体験距離型〕では14項目中5項目で得点は明らかに上昇（以下すべて $p<.05$ ）していた．内界親密感，有意味感の得点上昇からは，イメージはしだいに内界の深層に根ざした意味深い体験として本人に感じられるようになっていることが想定できる．さらに身体感覚への感受性も高まっていて，これと並行して内的安定感と統合感も以前にも増して実感されるようになっていることがわかる．イメージ想起の段階では自発的なイメージの流れにそれほど浸ることなく，一定の体験的距離は保たれていたイメージ体験であっても，身体活動を伴った描画という創造的な表現手段によってこれを外在化させていく過程では，そこからさらに深い感情や意味が実感されたり，新たなストーリーが生成されるなど，イメージ体験は一層活性化されるようになっている．

つぎに〔体験一体型〕であるが，発展性，内的安定，身体感覚の項目で有意差がみられ，いずれも描画表現時で得点は上昇している．この3項目は，イメージ想起時では他の項目の得点分布と比べけっして高くはなかった．それが描画による表現活動を通して，身体の微妙な感覚も一層敏感に感じ取れるようになり，イメージの内容にさらなる発展性や可能性が感じられるようになることで，さらなる安定感がもたらされていると考えられる．その意味でこうした過程は，〔体験距離型〕のようにイメージ想起時の体験が描画で表現するという外在化の活動が加わることでさらに発展していったというよりはむしろ，イメージ体験は描画活動によって自身の内にバランスよく内実化され，自然な流れ

で定着していったと捉えることができる。

　そしてもう一つが〔体験没入型〕であるが，こちらは内界投映感の得点のみが描画表現時で有意に高くなったというだけで，それ以外の変化は何ら認められていない。本来，前概念的で自律的に展開されるイメージは，それだけ深い内面を生き生きと体験できる可能性を示唆しているが，イメージ展開の過程でその流れに圧倒されたり，ときには翻弄されてしまうようなことがあると，この自我がうまくコントロールできていない状態は表現という外在化の過程にまで引き継がれてしまう傾向があることが明らかになった。この状態を改善するためにはやはり，イメージ体験そのものや自己の内的変化を一つ一つ丹念に取り上げて内容を吟味し，それを現実の文脈の中で概念化・意味づけしていくという地道な作業がどうしても必要になる。

3．心理療法におけるイメージの独自性

　従来から主要な心理療法では，もともと不可知なものである人の心は，内的世界と外的現実との橋渡しをするイメージに現れると捉えていて，イメージがパーソナリティ理解に果たす役割の意義はずっと以前から認められていた。意識からは明瞭に把握できない心の内が，イメージとなって現れたり体験したりすることで，それが自己の内面を深く理解するための大切な手がかりになっているというのである。したがって，このイメージの内容やそれに伴う体験を検討し，これを事実に基づいて修正，変容させたり，新たな洞察を促進させるような働きかけをすることで心の健康の回復を目指すなど，心理臨床の領域でイメージを心理療法に導入しているアプローチは少なくないし，人間理解にとって重要な役割を担っているのである。

（1）フロイトの自由連想法

　ヒステリーの治療研究を契機に発展したフロイト（Freud, S.）の精神分析は，

心の無意識の領域に光を当て，自我による統制が可能な意識の領域を拡大していくことに主眼が置かれている。人のことばや態度，夢やファンタジー，そして症状などの背景に潜む無意識的意味を了解し，これまで心の奥深くに押し込まれていた欲求や葛藤に気づき，これを段階的に開放していこうとするのである。とはいえ，無意識とはそもそも意識では捉えることができないものだから，今だ気づかれていない心の領域を明らかにするのに，ことばや概念ではなかなかむずかしいことになる。その意味でイメージには，ことばや概念ではうまく説明できないような輪郭のはっきりしない要素やニュアンスを込めることも可能なので，それだけ無意識の内容を表現しやすいという利点をもつ。

もっともフロイト自身は，イメージに関心は示したものの，精神分析にイメージを用いることの意義を強調しているわけではない。むしろ精神分析では，意識の世界を広げていくプロセスでイメージを効果的に活用しようとしているのであり，その典型が自由連想法（free association）ということになる。

自由連想法では，クライエントを寝椅子に仰臥させ，頭に浮かんだことを何でも自由に話してもらう。外的な刺激は極力抑え，クライエントの内的な刺激によって心の様態を自由に表現できるように配慮されているので，自我の現実機能は緩み，日常の意識的抑制はとりはらわれて，自己の内面に向かうことが容易になるのである。

自由連想をしていると，連想がさらに連想を生み，つぎからつぎにイメージが湧いてくるが，この過程でときにクライエントは過去の気になる経験や苦痛な記憶の断片が思い出されて戸惑ったり，連想を言語化するのをためらったり，途中で押し黙ってしまったりする。クライエントとセラピストとの基本的な信頼関係を基盤にした自由が保証されているからこそ，かえって不自由になったりすることもあるが，自由連想中に生起する抵抗や退行，そしてこれに付随して現れるセラピストへの転移現象なども，ここでは分析の対象になる。

夢や白昼夢はかならずしも覚醒時のイメージと同じではない。ただ，イメージを直接の外的刺激に基づくことなしに意識に現れる，ある対象についての視覚心像と広義に捉えるならば，夢や白昼夢，ファンタジーなどもイメージとして扱うことができよう。

（2）ユングのアクティブ・イマジネーション

　ユング（Jung, C. G.）のアクティブ・イマジネーション（active imagination）というのは，視覚的イメージそのものを利用して，イメージのもつ治癒力や創造性を引き出そうとする技法である。意識的な自我と無意識的な種々の内容とのやり取り，あるいは対話によって，意識下で展開されているドラマに触れ，体験することが課題になっている。
　基本的な方法は，きっかけとして重要な人物や動物，あるいは場面などを設定し，それにまつわるイメージが浮かんできたら自分のペースでそのイメージに注意を向けていく。イメージを浮かべているときは，対象がおのずと現れてくるのに任せるといった態度で接することが大切で，イメージとの対話の内容はイメージの流れを妨害しない程度に記録しながら進めていく。あたかも覚醒状態で夢をみるようなこの過程では，自我と無意識が交流し，ときには対決しながら推移していくのである。実際には，自由画，箱庭遊び，粘土造形，ボディ・ムーブメントといった創造的活動をこのワークに導入して，無意識的諸側面との対話を進めていくこともある。
　こうしてイメージは，しだいに生命力をもつようになるので，意識に上がってくるものは何でも受け容れる姿勢で臨んでいると，無意識の世界を一連のストーリーとして作り上げるなど，イメージそれ自体の論理にしたがって流れは展開していくようになるとユングは考えた。ただこの方法は，意識的な自我は夢よりもイメージ体験のほうが直接的に刺激を受けやすく，ストレートな反応も生じやすいので，それだけ強い感情が惹起されたりして，人によっては無意識からの力に圧倒されてしまうこともありうる。

（3）行動理論

　人は生まれてからのさまざまな経験の積み重ねによって，適応的な行動を身につけていく。このように，その人に生ずる比較的永続的な行動の変容過程が学習であるが，こうした現代の学習理論に基礎を置いた心理療法が行動療法で

ある。つまり行動療法では，観察可能で客観的に捉えられる行動を改善の対象とし，問題となる不適応行動はすべて誤った学習の結果，あるいは適切な学習の不足とみなす。したがって，不適応行動を適応的なものに変容させるには，学習の諸原理を適用し，誤った学習による行動を消去し，適切な行動を再学習させるか，これまで身につけていなかった適応的行動を新たに学習させればよいのである。こうして日常の行動が適応的なものになればなるほど，それに伴って生活にも自信や充実感が生まれ，ひいてはそれが健康なパーソナリティの回復をもたらすと考えられている。

以前は，たとえば恐怖症の人に行動療法を実施するような場合，実際に恐怖刺激や恐怖場面を治療室に設定して行っていたが，現在では現実刺激や現実場面，それに実際の反応の代用としてイメージが用いられるのが主流である。ただここで問題となるのは，「イメージはあくまでも現実の代理にすぎないのではないか」「イメージと現実の間に効果の差はないのか」という問いである。しかし，たとえば対人恐怖傾向のある人は，人前で緊張してうまく振る舞えないでいる自分をイメージし，そのイメージに対して不安を覚えているのであるし，プレゼンテーションの場を格好の自己表現・自己主張の場として捉えている人は，自信をもって聴衆に話しかけているイメージを抱いているに違いない。すなわち，個人差はあるものの，イメージは外界を模写した単なる現実の代理ではなく，それは条件刺激として，個人に生の情動反応を引き起こすだけの効果をもっているのである。

つぎに，イメージを用いた行動理論に基づく技法をいくつか取り上げるが，これは行動療法に限定されるわけではなく，その基本原理は認知行動療法をはじめとし，他の多くの心理療法にも応用されている。

① 系統的脱感作法（systematic desensitization）

ウォルピ（Wolpe, J.）は，神経症的行動や症状は，不安を引き起こす場面で条件づけられ，学習された習慣反応と考えた。その中核は不安，つまり自律神経系の反応であるので，もし不安を生起させる刺激場面で不安と拮抗する安心やリラックスといった弛緩反応を同時に起こせば，不安反応を制止することができるとした。

電話場面に強い恐怖を感じ，会社でお客の電話に出られずに悩んでいる人がいたとする。その具体的な手続きの例としてはまず，恐怖反応を起こす刺激場面を，最も弱い刺激場面から順に強い場面へときめ細かく配列した段階尺度表を作るとともに，不安や恐怖反応に拮抗し，これを制止できるだけの心身のリラクゼーションを徹底して身につけることから始まる。つぎにこの深く弛緩した状態で，最も弱い不安惹起場面をイメージし，そのイメージに慣れて不安や恐怖を感じなくなったらつぎに強い段階のイメージに進み，最終的には最も強い刺激場面まで訓練を積み重ねていくのである。

② インプローシブ法 (implosive therapy)

　職場での人間関係に悩む人が，あえてそのつらい職場で働いている自分の姿をイメージするように，本人にとって不安や恐怖を惹起させる場面をイメージし，強制的に恐怖体験をさせる方法である。系統的脱感作法とは対照的で，イメージする場面は最初から最も強い場面であり，リラクゼーションのような弛緩反応も使わない。

　人が恐怖を喚起する刺激場面に直面したとき，そこから遠ざかったり，意識をそらしたりして，不安を低減させようとする。この回避反応は一時的には恐怖を弱めることができるが，一度成功するとこれが条件づけられ，ちょっとした恐怖刺激にもすぐ回避反応を取るようになって，なかなか消去できない。これを消去するためには，恐怖刺激を回避せずにあえてそこに身をさらし，恐怖という強い情動を繰り返し体験しても，イメージの中では危険なことや嫌悪すべきことは何も起きないことを経験する必要がある。つまり，強い情動体験の反復が，回避反応の消去には有効な手続きであると考えている。現実から目をそむけずに，嫌な職場で働く自分をイメージして，恐怖や嫌悪を感じたとしても，それはイメージとして心に浮かべたことなので，反復しているうちにしだいに減少していく。

③ 内潜的学習 (covert learning)

　人間の学習に'認知'のはたらきを重視する傾向が強まるにつれ，行動理論をイメージ活動にもあてはめ，イメージを反応として，あるいは強化子として

用いたりする試みがなされるようになった。これによって，人間行動に対する行動理論の適用範囲は拡大され，行動療法にも柔軟に適用されるようになったため，いくつかのユニークな技法が開発されている。

〔**内潜オペラント**〕……学習のオペラント理論を基礎に，思考，想像，空想などのあらわでない心的活動，つまり内潜的活動を一種のオペラントとみなし，内潜的オペラントの意味を表すものとしてカベラント（coverant）と称した。つまり目に見えないカベラント反応を操作し，統制することで，あらわな行動の変容，改善をもたらそうとするものである。

ダイエットしたいと思っている人に，甘いものを食べたい衝動にかられている姿をイメージさせ，「甘いものは太る」と負の強化を自分に与える。そして今度は，「食べなければ身体は軽やかだし，健康でいられる」と心に思い，好きなコーヒーを飲んでゆったりした気分を味わったりするといった，自分に正の強化を与えるのである。

〔**内潜条件づけ**〕……弁別刺激や反応，それに強化刺激までもイメージで与える方法。具体的には，飲酒や喫煙といった低減を目指す行動をイメージし，これと嘔吐や病気など嫌悪刺激となるイメージを対呈示して条件づけをする内潜増感法，それに，オペラント条件づけの原理に基づいて，正の強化や負の強化をイメージで行う内潜正強化法と内潜負強化法がある。また，反応が起きても強化しないでおけばその反応は消えていくが，この手続きをイメージによって行う内潜消去法も内潜条件づけに加えることができる。

〔**内潜モデリング**〕……観察学習の理論をもとに，観察対象となるモデルの「状況－行動－結果」という一連の展開をイメージさせることで，行動の変容を目指す技法である。ある人が初めての集団に入って緊張していたが，しだいに周囲と打ち解けられるようになり，仲間から好意的に迎えられてにこやかに会話を楽しんでいる状況をイメージしたりするもので，ほぼイメージリハーサルと似た技法である。

（4）自律訓練法（autogenic training）

基本原理は催眠療法に置いてはいるものの，その催眠療法の中でも，練習者

自身によるセルフ・コントロールという側面を重視し，独自の技法として体系化されたのがシュルツ（Schultz, J. H.）の自律訓練法である。自律訓練では'公式'と呼ばれる一連のことばに添って，段階を追って自分の身体感覚への「受動的注意集中」を行うことで，心理的な平穏がもたらされるとともに，心拍数や呼吸数の減少など生理的変化も起きていることが確かめられている。これは交感神経系の活動が鎮静され，反対に副交感神経系のはたらきが優位になっているためと考えられる。その結果，自己の心理面，身体面への調整機能や適応能力が改善されるだけではなく，ストレスに対する抵抗力を増強させるので，自己治療法と捉えることもできる。

標準練習は，背景公式を含めるとつぎの7段階のテーマからなっている。
1．背景公式：安静感練習「気持ちが落ち着いている」
2．第1公式：四肢重感「両腕両脚が重たい」
3．第2公式：四肢温感「両腕両脚が暖かい」
4．第3公式：心臓調整「心臓が静かに規則正しく打っている」
5．第4公式：呼吸調整「自然に呼吸をしている」
6．第5公式：腹部温感「胃のあたりが暖かい」
7．第6公式：額部涼感「額が心地よく涼しい」

これを毎日自分で練習するのだが，標準練習を習得する期間は人によって個人差があり，練習の過程で自分が快適で穏やかな環境の中にいるのを心に描くことができるか，つまりリラックスできている自分をどれだけイメージできるかの能力にも左右されるといわれている。たとえば「第2公式：四肢温感」の段階で，'陽だまりでのんびり日光浴している自分の姿'を思い浮かべ，このイメージを補助として用いることで，手足の温感の体得はずっと容易になるのである。

場合によっては，つぎの段階として，イメージを通じて内面の自己探求を行う特殊練習や黙想練習に進むことができる。黙想練習などは，標準練習を習得することで誘発されやすくなっている視覚的イメージをうまく利用した練習で，自分で決めた色彩や具体的なものが自由にイメージできるように練習した後で，特定の情動場面や個人にとって重要な人物の鮮明なイメージを自然に浮かべられるようにするのである。そしてこの段階に達したなら，今度は普段か

ら抱えている素朴な疑問を自己の内面に投げかけ，これとじっくり向かい合い，やがて生じてくる心の奥からの応答をこころよく受け容れられるような態勢でまってみる。その理由は，この応答には現実の悩みや問題解決のためにも効果的に適用できる内容が多く含まれていると考えられているからである。

4．イメージ療法

　一般に，イメージ療法と呼ばれているものは，覚醒時に，閉眼してそこに浮かんでくるイメージを用いて進められる心理療法やカウンセリングのことをいう。つまり，クライエントのイメージ体験そのものを中核に据え，治療過程でこれを効果的に用いようとする独自の面接法である。
　イメージは人の心そのものと深く結びついた現象であるから，私たちはその人が抱くイメージによってパーソナリティを理解し，イメージを用いて心理アセスメントを行い，イメージを媒介にして心理治療を展開していく。このように臨床的に用いられるイメージは，概念的には容易に説明しがたい深層の世界を映し出すものであり，多様な相をもっている。そして，それだからこそ，イメージを体験している過程では，概念的思考が果たす役割は相対的に小さくなり，概念やことばの背後にある心の世界をみつめ，これまであまり気づいていなかった複雑な感情や欲求を実感をもって体験し，これを意識化して再構成できるような治療的アプローチが可能になるのである。
　これまで個々のイメージ技法はそれぞれが独自に開発されてきたという経緯があるので，これを一律に述べることはむずかしい。ここでは日々の心理臨床活動で私たちが適宜応用的に適用することが可能な，より実践的で実効性のあるイメージ技法に限っていくつか取り上げる。

（1）イメージ面接

　イメージ面接（水島，1967）は，自由イメージ法によるイメージ技法として，

最も典型的なものの一つである。ことばを中心とした面接の限界を超えて，前概念的なレベルでの共感的な展開を意図してイメージを重視している。そこではまず，閉眼して心身をリラックスさせてから，自分の気持ちに注意を集中し，自然と浮かんでくるイメージの流れのまま，あたかも「夢を見ながら語るように」セラピストに話すよう指示される。セラピストは，イメージの中でクライエントに共感的につき添うことを原則とする。ときにイメージが浮かびづらいときは，海や草原など，誰もが容易にイメージできる光景（指定イメージ）から入り，あとは逐次自由イメージに切り替えていく方法がとられる。

　イメージ面接では，イメージ体験による感情過程と，それを現実吟味する過程とは一応分けて捉えられていて，実際の臨床例では，この感情過程と現実吟味過程とがどのような連続性をもって推移していくかはセラピストの応答，態度によって異なってくる。一般的には，イメージ展開が一区切りついた段階で通常の対話面接に戻り，クライエントとイメージ体験についてじっくり話し合い，その内容を吟味し，イメージ体験と内容との相互の関係性を把握していくのであるが，この作業は，クライエントのイメージ体験を自己の内に定着させていくための必須条件である。

（2）壺イメージ療法

　クライエントが直接イメージ体験にさらされ，その展開の迫力に圧倒されたりすることから守る安全弁として，'壺'という指定イメージを設けた技法である（田嶌，1989）。イメージ療法の適用は，ときにクライエントに強烈で危機的な体験を引き起こす危険性をもっている。そこで，イメージ体験が急激に進行しすぎないように，壺をイメージしてもらい，その中に入ったり出たり，蓋をしたり，距離を置いて眺めたりして，自己と視覚的イメージとの間の体験的距離をコントロールしながら，そのときの体験を吟味していこうとするものである。これは従来のイメージ技法に比べ，危機的体験が急激に進行するのを調整できるという安全性を備えているので，より重篤な事例にも適用できるという特徴をもつ。

　セラピストは，クライエントのペースを尊重しつつ，「何か心の中のことが

少しずつ入っている壺，または壺のような容れ物が浮かんできます」と教示し，何種類かの容器が浮かんできたら，一つ一つその中にちょっとだけ入り，何かを感じたらすぐに出て，蓋を閉めてもらう。このときの感じから，自分にとって楽で居心地のよい，あるいは入りやすい順に容器を並べ替え，今度は居心地のよい壺からその中に入り，感じられるままにそのときの感じを味わう。そこで十分に感じられたなら，壺から出て蓋をし，壺と自分との間に適度な体験的距離がとれるような位置関係を探ってみるのである。このように，壺イメージ療法は，壺という視覚的イメージを媒介にして，体験的距離の自己コントロール能力を高めるのが目的であるが，それはまた，壺の中での体験に対する対処の仕方，あるいはつきあい方を学習していくことでもある。

（3）三角形イメージ体験法

　これは三角形を指定イメージとして用い，本来はこれとは無関係な不安や緊張といったクライエントの感情体験を順次この三角形に伴うイメージ体験と結びつけて，治療的操作を行う技法である（藤原，1994）。

　まず，クライエントの訴えの内容をもとに，相互の話し合いを通じ，日常もっとも困っていることや最悪の気分の状態から，望ましいと感じられる事態のことまで，クライエントの感情体験内容について，それぞれの程度に応じて階層化し整理した感情体験リストを作成しておく。そしてイメージ・セッションでは「今の心の状態や感じを観察してください」と自発的なイメージの生起を促すか，または野原や海といった指定イメージ課題によって視覚イメージを惹起させる。

　こうして，イメージについて具体的に体験させたのちに，「そこに三角形をイメージしてください。どんな三角形でもいいですよ」と指定イメージを教示し，三角形を浮かばせるのである。この三角形のイメージの生起が確認された段階で，一方ではその三角形をよく見つめさせ，形態や数，見え方，それに変化の仕方などを問いかけ，視覚イメージの内容を十分に把握できるようにしてもらう。そして他方では，「今の気持ちや感じ」「身体の感じ」など，主として身体感覚にポイントを置いた応答から，感情体験リストとも照合させながらイ

メージ体験内容を感受できるように促す。つまりこの過程を繰り返すことで，クライエントは視覚イメージ内容とイメージ体験内容とをしだいに関連づけられるようになるのである。

　この技法では，もともと三角形には特別な象徴的意味は存在しないものの，クライエントには自分の不安や緊張をいわゆる三角形イメージと結びつけ，この三角形に感情体験的な意味づけをもたせるようにすることでこれを治療的に操作し，神経症的な不安・緊張を段階的に低減させていくことを目指している。

（4）子どもの覚醒夢イメージ療法

　ドイツの精神科医ロイナー（Leuner, H., 2009）らが中心となって体系化したもので，子どもや青少年を主な対象とし，子どもたちのファンタジーや覚醒夢を治療的に利用したイメージ療法である。子どもなら誰でもファンタジーや白昼夢に浸った経験はもっているものである。そしてこのファンタジーの中で子どもは，これまで抑制していた感情や欲求を安全に開放したり，ずっと心に抱いていた願望を実現させたり，葛藤を象徴的に表現したりできるのである。ときにはこのファンタジーの中で，子どもが望んでいることと現実の像とが対決することになり，これに直面化することで新しい解決の糸口が見えてくることだってありえる。

　これまでに具体的な技法は数多く開発されているが，導入には'野原'など子どもにとって抵抗感の少ない光景がモチーフに選ばれる。子どもはゆったりと横たわり，目をつぶってたとえば野原をイメージし，しばらくはそれが展開していく流れにまかせておくが，イメージで見えてくる光景については絶えず具体的に報告してもらうのである。セラピストは子どものイメージに寄り添いながら，タイミングを捉えてそのシンボルドラマ的な展開に慎重にかかわり，子どもと対話したり誘導したりしていくことになる。このようなイメージ体験の過程でセラピストは，ふつうの世界のことのように働きかけたりサポートしたりしながら，子どもの心の世界を開放してこれを整え，強化していくことを目指していく。

小学 5 年の少女は，引っ込み思案な性格なためかクラスにうまく溶け込めないでいた。プレイルームでも，一人で好きな花や漫画を描いて過ごす時間が多かったが，しばらくして画用紙に描いたファンタジーの世界については話してくれるようになったのである。そこでイメージに誘ってみると，最初は自分が草原に立っていて，そこから見える風景を話すだけのことが多かったが，何回かつづけているうちに，幸せの四葉のクローバを探して歩いたり，きれいな花を摘んだりと，動きが見られるようになったのである。そこで今度は「素足で歩いてみようか」と誘導すると，近くにいるリスや小鹿に小走りに近寄って話しかけたり，小川に足を入れて「冷たい」と言ったりする。あるときから草原の小高い丘に立つ大樹のそばで遊ぶイメージが繰り返されるようになった。根本には小さな盛り土がしてあって，聞くとこれは幼稚園のとき車にはねられて死んだ仔犬の「チロのお墓」だという。母親からは当時「チロはお墓で寝ているのよ」と聞かされていたが，実際には見たことはなかった。自分が思わず綱を離してしまったために，仔犬がこんなことになってしまったとずっと心を痛めていたようで，ここでようやくチロを葬ってあげることができたのである。

4章　表現を読み解く

1．アート表現のプロセス

　心理療法における表現は，描画や箱庭，身体運動などのように外部に表現されたイメージを用いることもあるし，夢や自己像など，クライエントの内面で体験されているさまざまな形のイメージが中心になっていることもある。そこで表現される作品や語りは，クライエントとセラピストとの間で交わされる治療関係の中から生まれ，その意味もやはり両者の相互交流を通してクライエント自身が自己の内面に内実化させていく。このようにアートを中心とした心理療法は，多様な表現媒体を用いることで非言語的な自己表現の幅を広げつつ，人と人との相互作用と個人内でのイメージ体験のプロセスによって展開されていくことになる。

（1）導入

　心理治療において，いつ，どのような文脈でアートによる表現を導入するかは，治療の効果を左右する大切なポイントである。アート表現の本質は，治療的人間関係の場で，単独に，あるいは対話による面接と並行して何かを作ることであり，その制作過程と作品が重要な要素になっている。そこでの創造的行為は，自らの内なる声に耳を傾けてこれと静かに対話し，主観的世界と客観的現実，自己と他者との間に橋をかけていく作業になる。
　クライエントにアート表現に対する潜在的な適性があるかどうかの判断は，

さまざまな観点からなされる。内面の深いレベルで微妙な心の動きを感じとっていたり、イメージを浮かべることはできても、それに伴う内的体験をことばでうまく伝えることがむずかしいと感じている人にとって、非言語的なアート表現は願ってもない表現手段となる。彼らにとって、とりとめのない不安ややり場のない怒りを感じていたとしても、そうした個人的感情は言語的に認識するよりも、これを具体的な対象に込めて表現することのほうがずっとたやすいこともある。こうした感情の対象化によって、自分にも複雑な感情が存在することを実感し、やがてはそれを自己の内的表現の一部として受けとめ、認められるようになるのである。同様に、対話面接の過程で、クライエントがいつの間にか混沌とした感情世界に迷い込んでしまったようなときも、アート表現は導入されたりする。

　アート表現の適用に際しては、作られるものが具体的なものであろうが抽象的なものであろうが、それにはこだわらず、作品の巧拙といったことともいっさい無関係であることを初めからクライエントに理解してもらう必要がある。もちろん、気が進まなければ断るのも自由である。そうでないと、うまい作品を作らなければと変に意識したり、苦手意識からセラピストの意図に添えないのではないか、提案を断ってしまって不快に思っているのではないかと不必要な負い目を感じさせたりして、その後の治療関係にも微妙な影を落とすことがあるからである。

（2）創造活動

　クライエントの一人一人に対して、他のどれよりもこの表現様式が適していると判断する理由は単純ではない。セラピストはクライエントの現実生活も視野に置き、本人の興味や関心とともに、退行水準とそれに耐えられる自我の強さなどを加味しながら、深い自己探求を可能にするような自由な表現のための場面を準備する。いかなる理由があっても用いられる表現様式は、セラピストの得意や興味からではなく、クライエントの必要性に相応したものでなくてはならない。しかもそれは、既成の理論や技法に頼るばかりでなく、場合によっては創意工夫が加えられるほどに、セラピストがいかようにも使いこなすこと

ができるものであることが望ましい。

　アート表現の過程でクライエントは，セラピストに見守られながら自分の内的世界を表現していく。クライエント－セラピスト間にあるこの見守る雰囲気こそ，クライエントの創造活動にとってもっとも大切なことである。クライエントが安心して描く一本一本の線に，あるいはまた，しだいに形を成してくる造形物に本人の不安や恐れ，葛藤や戸惑い，そして希望や意欲が素直に表現され，それはそのままセラピストにも瞬時に伝わってくる。セッションによっては，言語的な交流が中心で，創作的な活動がまったく見られない期間がしばらくつづくこともある。そのときの状況は，クライエントにアート表現をする必然性が感じられていないのかもしれないので，これをあえて創造活動に振り向けさせる必要はない。

　線を描いたり，粘土をこねたり，身体を動かしたりしていく中で，クライエントにはいまだ輪郭のはっきりしないことば以前の前概念的，感情的なものをそのまま外部に発散させたいという表現欲求が生まれ，それが表現行為として身体性に置き換えられて解放されたり，外部の対象物に凝縮されて表出されることになる。当然のことながら，表現活動は単にカタルシス効果をもたらすだけでなく，それ自体に自己治療的な意義があることは明白である。作ることそのものが，クライエントの自己治癒力を賦活させるのである。感情や衝動を主体的にコントロールできる能力が回復するにつれ，それが現実生活で起きているもろもろの事象への関心を呼び起こし，これを的確に把握し，概念化して再構成する能力を向上させる。またアート表現は，ときに創作者を空想的，非現実的な世界に逃避させたりもするが，自分の作品を生み出すということは，自らの創造性を生かす行為でもあるので，これまでにない独自の作品を作りあげたという満足感と充実感は，自己尊重の態度を強化する。

（3）シェアリング

　つぎにクライエントは，セラピストとの間で自分の作品を言語的にシェアするように促される。そこにあるアート作品は，作り手であるクライエントの内的世界の一部が客観的な対象物として外在化されたものであるから，セラピス

トもそれによってクライエントの世界を一緒に共有することが可能になったわけである。この創造行為が，クライエントとセラピストとの治療的関係から生まれてくるかぎり，アート表現とは優れて言語的なものといえよう。クライエントによって表現されたイメージの世界が，セラピストのことばによってさらに新たな息吹が吹き込まれることがあるし，これまで何の意味もなく使っていたことばが，あるイメージと結びつくことによって生き生きと呼吸を始めることだってありうるからである。これが集団の治療場面ともなればなおさらで，クライエントはセラピストに加え他のメンバーからの共感やサポートも受けながら新たな発見や気づきは促進され，シェアリングの時間は自分の体験を消化吸収するための貴重な時間になるのである。

　ただ一方では，創作活動に熱中しているときの複雑で力動的な体験が，シェアリングの段階でうまくセラピストや他者に表現できるかというと，そうとも限らない。これはクライエントが表現活動に浸っている過程と，それを客観視する過程とのズレに対応している。そのためときには，「ことばではあのときのことが半分しか言えてない感じ」「どこか本当の体験とは違う」と，不全感やジレンマを訴えてくるクライエントもいる。これを克服するためには，あえてことばですべて説明を求める必要はなく，しばらくはお互いが黙って作品を間に置いて眺め，味わっているだけで十分な場合も少なくない。ただしこれが可能になるためには，完成した作品だけではなく，そこに至るまでクライエントにしっかり寄り添って心の動きを敏感に感じ取り，これまでの作品の経緯からも一連のストーリー性をセラピストがしっかり読み込んでいることが前提になる。

（4）終結

　治療の終結にはさまざまな理由がある。内的にも外的にも，ある程度問題は解決されたとクライエントが感じているならば，互いに納得して治療を終わらせることができる。クライエントとセラピストの双方にとって，満足のいく形で治療関係を終結させるには，どのような状況であれ細心の注意と配慮が必要である。

そして，治療の開始から終結まで，つまり治療全体のプロセスの中でアート表現がどの程度行われているかを考えると，クライエントが毎回必ず試みているようなケースはきわめてまれである。すべての治療過程が，アート表現だけで進行することはまずあり得ない。たいがいは一時期に集中したり，あるいは全体の流れと方向性を踏まえ，セラピストが必要に応じてその都度導入してみるといった具合であろう。また，毎回同じようなものを機械的に作るようになったり，作品についてセラピストと話し合うのをどこか避けるような態度に変化したときは，誰からみてもアート表現に対する抵抗や防衛，マンネリ化が起きていることは明らかである。

　クライエントがアートによる表現をしなくなる，あるいはする必要がなくなるのは，それ以外に自分を適切に表現する手段を身につけたり，対象や場を得たときである。クライエントにじっくり寄り添ってきたセラピストであるならば，アート表現をさらにつづけることの必然性や意味についての判断は容易にできよう。そのような場合でも，お互いによく話し合って確認しておく必要があるが，その後は対話を中心とした面接に切り替わったとしても，治療関係は以前にも増して深まるとともに，スムースな展開がつづくようになったりするものである。

2．セラピストに求められるもの

　人は誰でも，外界とのさまざまな相互交流の中で，それぞれに固有の心身のリズムをもって生活している。そしてこれがうまく流れているときは，自分自身を生き生きと感じられ，日々の生活にも充実感を得ることができるであろう。アートによる表現とは，視覚や聴覚，触覚といった感覚器官だけではなく，身体運動までをも含めた全心身的な自己表現活動であり，この活動を通してその人に本来備わった心身のリズムを回復させていこうとする治療的アプローチということができる。そこではセラピストには，繊細な感受性をもってクライエントの心身のリズムに歩調を合わせ，今・現在の状態に同調していくかかわり

が求められるが，それは表現様式や素材の選択，作品の理解や解釈，それにクライエントとの治療的な関係のもち方などに如実に反映される。

（1）表現様式と素材の選択

　心理臨床にアート表現を導入しようとするとき，セラピストは「なぜ，この表現様式を用いるのか？」「それで，どんな治療効果が期待できるのか？」といった根源的な問いかけを自分自身にするものである。しかし，この問いかけを踏まえた的確な判断は，かなりの経験を必要とする。事例報告の中には，アート表現の導入のされ方や用いる技法にほとんど必然性が感じられず，セラピストが得意とする，あるいは関心をもっている技法の一方的な押しつけとしか考えられないようなものさえある。クライエントから発信される信号に即応して，どのようなタイミングでどんな技法を適用するか，これもセラピストの技量にゆだねられている。
　どのような表現様式がそのクライエントにはふさわしいか，技法や素材の選択には迷うものである。セラピストがあらゆる技法を体得しているわけではないし，提供できる素材にも限りがあり，施設の規模やスタッフの人数にも限界がある。クライエントのより豊かな自己表現を目指す技法として，描画や箱庭，コラージュ，造形といった非言語的表現が用いられることが多いが，ときには詩歌や散文，それに演劇や音楽，身体運動のようにことばや身体まで含めた表現になることもある。これらは表面的にはそれぞれ異なっているように見えるが，個々の表現様式の特質を知れば知るほど，'表現'という基本的な部分ではお互いが結びついたり，支え合ったり，刺激し合ったりと，共通したメカニズムが働いていることが理解できる。したがって，この個別性と共通性とを認識せずに一つの表現様式だけを念頭に置き，他から切り離して用いることは，アート表現のもつ生命力を半減させてしまう可能性がある。
　治療の脚本はいつでも変更しうるものであり，表現様式や素材も臨機応変に変換されうるものである。自由画やなぐり書きなどは，クライエントの退行を比較的促しやすいので，治療の初期の段階で用いられることが多い。しかし，構成度の低い自由な表現を可能にするこうした技法は，安全な表現を保障する

枠組みがはっきりしないので，場合によってはクライエントに不安や戸惑いを抱かせてしまうことがある。このようなときは，絵具やポスターカラー，墨汁などの代わりに，クレヨンや色鉛筆，フェルトペンといった，本人が意図しないところで突然色や線がはみだしたりにじんだりして，他の領域と混ざり合ってしまうことのない画材を工夫して使用するほうが安全であり，また有益でもある。

　クレヨンに絵具，墨汁に硯，箱庭用にたくさんの種類のミニチュア，またコラージュのための写真雑誌，粘土，それにB4の画用紙と模造紙と，多種多様な表現媒体を用意し，15名の学生に自らのイメージ体験を思いのままに表現してもらった。その結果，クレヨンだけというように単一の素材しか使わなかった参加者は皆無であり，「花や樹はクレヨンで，澄んだ朝の空気は絵具で描いた」とか，「自分にとってインパクトのあるものは粘土で立体的に表現した」というように，臨機応変に素材は使い分けられていて，平均すると一人3〜4種類の表現媒体を用いていた。

　アート表現で用いられる素材にはそれぞれに固有の特性があり，セラピストはその素材のもつ力と性質を十分に体得していて，クライエントが利用できる範囲についても熟知していることが望ましい。一つ粘土を例にとってみても，そこにはさまざまな表現の可能性が潜んでいることがわかる。粘土は順応性のある三次元の表現媒体である。湿気が保たれているうちは何度でも形態を変えることができるし，新しく部分を加えたり，余分な箇所を削ったり，また好きな色で塗ったり，他の素材と組み合わせることもできる。その過程では，手のひらで粘土をこね，その感触を味わいながら形を整えたり，力を入れて引き伸ばしたりと，身体を使った作業も相当加わるので，それが体の緊張を解きほぐし，同時に感情を弛緩させるのを助けたりする。

（2）シンボル（象徴）の感受

　外界のあらゆる対象物，さらには数字や円，三角といった抽象的なものにまでシンボル的な意味が備わっている。もちろん，アート表現にもさまざまな形でシンボルが散りばめられていることは言うまでもない。このときクライエン

トは，意識的にせよ無意識にせよ，自分の内的イメージを外界に表現する媒体としてもっともふさわしい素材を選んでいるはずである。そしてその素材が，クライエントのさまざまに複雑な感情や葛藤といったものの受け皿になっていたり，うごめきそのものを抱え込む容器になっていたりするのである。

　シンボルはクライエントにとっていまだ未知の内容を多く含んでいて，ものごとの本質をなす諸特性を内包している。つまりシンボルは，もともとは作り手の潜在的な意識から出てきたものなので，その人の心を構成している重要な要素になっている。したがって使用された素材は，それに備わっているモノとしての固有の性質に焦点が当てられるのではなくて，作り手の内的世界を体現しているものとして扱われなければならない。どんな素材が使われたかではなくて，その素材にどんなことが込められているかである。これまで自分の姿と正面から向き合う勇気がなかった人が，何となく感じている孤独感や悲しみを砂の上に弱そうな動物のミニチュアを一つ置くことで表現できたとしたならば，それだけでかなりな治療効果が生まれる。

　クライエントが自分自身を作品に投映し，シンボルとして表現している場合，セラピストはそれを敏感に察知し，クライエントとともに作品の中のシンボルの意味を探求し，お互いの言語的なかかわりを通じて共感的に理解していくことで治療的展開はもたらされる。新しい経験や概念に対してつねに開かれていて，曖昧さにも寛容であるとともに，柔軟に対応できるセラピストであれば，一般的な常識の枠を超えた発想をすることも容易なので，シンボルに対する紋切り型の，あるいは独断的な理解や解釈をすることも少ない。

　このように，セラピストが作品に表現されているシンボルを感受し的確に読み取ることが，治療を行う上でもっとも大切とされることの一つなのだが，さらにそれをクライエントに，いつ，どのようにして言語的に伝えるかということも重要な課題である。早まった言語化や不用意な解釈，意味の伝達は，作品に表現されているシンボルを見出し，その意味を自ら意識化して理解しようとしているクライエントの動きを阻害してしまう。そもそも，ある程度意味がつかめているような場合でも，セラピストがこれを概念化して意味を解釈するということは，クライエントの体験の流れをいったんそこで抑えて静止させ，それを固定化して互いに把握しようとする作業なのである。実際には，セラピス

トはシンボルの意味をあえて語らずに，しばらくはそのままじっと心に温めておくこともありうる。

（3）アートによる表現の理解と解釈

　個々人に内在するさまざまなイメージは，単に外界の現実をそのまま反映した視覚像ではなく，その人に特有の認知様式や複雑な感情体験，意味づけなどを伴った固有の世界を形成している。そしてこのイメージを対話場面で相手に伝えようとするとき，これもまたそれぞれがもつことばのイメージで伝え合うことになるので，相互でそのことばに抱くイメージにズレがあるならば，お互いが十分に理解し合うのは容易なことではない。

　'アートによる自己表現'という行為は，ことに治療場面においては，クライエントの内的世界のすべてを訴えかけるという精神性・身体性の両面が合わさって表出されるきわめて全人格的な営みである。したがって，治療の中で作られる作品は，クライエントの感情，欲求，思考，知覚などの様相や体験とも直接的に関連し，しかも微妙で，曖昧で，ことばで明確に伝えがたい多次元的な表現を体現しているのである。とりわけ，クライエントが作品の制作を通して自己の内面と対話をしているもっとも大切な瞬間は，沈黙が支配しているときでもある。セラピストはそうした行間を読み取ってその時間を保障し，クライエントとともに複雑に錯綜した感情や認知世界を実感的に吟味し，相互の結びつきを整理して理解すると同時に，新たな認知的枠組みを構成して適応的な行動が可能となるように努める。

　人は恐れや警戒心なしに，人前でありのままの姿を表明することはできない。たとえ心理治療の場であっても，初めから自分の弱さや欠点をセラピストに開示することにはかなりの抵抗感をもつ。セラピストも，クライエントの防衛機制をすべて取り除きたいと思ってしまうところから，かえって治療を後戻りさせてしまうといった深刻な弊害が生まれたりする。それでも，これまでずっと人との間に垣根を巡らし，傷つきやすい自分を守ってきた人が，自分のちょっとした言動や表現が知らぬうちにセラピストの心に届いていたという体験をしたときにこそ，少しは心の扉を開いてみようかという気持ちになったりするの

ではないだろうか。そのときはきまって，セラピストの側にもただ虚心にクライエントの話に耳を傾けている，表現を見守っているという姿勢が成立しているときである。このクライエントの語りや表現行動に先入観をもたずに深い興味や関心を寄せて耳を傾け，つき添っていくという，セラピストの取るべき姿としてあらゆる心理療法の技法論で何度となく繰り返し強調されてきた行為であっても，これが身につくようになるには並々ならぬ訓練と経験を必要とする。それでもなおセラピストがそうした態度を身につけようとするのは，このことによってクライエントの内的世界を本人の視点から少しでも理解することができるようになることを可能にしてくれるからである。

アート表現の過程で，治療者の反応，特にことばによる働きかけが，クライエントのそれまで曖昧であったイメージや感情を鮮明にし，そこからさらに深いイメージへと発展していく転機を与えたりする。しかし，その反対に，クライエントのイメージの流れを中断したり，一方的に方向づけてしまう危うさも存在している。アート表現の場合，イメージは刻一刻と変化していくというそれ自体が自律性をもって生きているので，イメージの流れを途中で静止させ，イメージの細部についてじっくり話し合うということはせずに，そのときの情感や感覚はそのまま抱えながらイメージの展開に任せるというアプローチがとられる。つまり，投映法や対話による面接では，被検査者やクライエントにとってことばは，自己の体験を表現する，あるいは相互にコミュニケートするときの媒体という意味合いが多く含まれるが，アート表現の過程では，瞬時に変化していく自らのイメージに即応させながら語るというニュアンスが強いので，セラピストにはクライエントの自由なイメージの流れを尊重し，これを生かしながら理解していくという繊細な姿勢が求められる。

これは，それぞれのアート表現に伴う体験の意味をどのように言語化してクライエントに伝えるかという，セラピストの解釈の問題にも共通する。クライエントにただレッテルを貼るような一義的な解釈は，変化の過程にある内的イメージのダイナミクスを殺してしまうことになるのは当然であって，下手をすると，おきまりの用語を当てはめることで，内的イメージのもっている潜在的な可能性の多くを切り棄ててしまうことにもなりかねない。また，クライエントが表現しようとしていることがよくわからないようなとき，セラピストは焦

りを感じて不安になり，何とかそれをありきたりのことばでまとめて把握しようとしたりするものである。同時に，ある内容について解釈をすると，その他のものがもつニュアンスが消えたり，見えにくくなるということも心に留めておかなければならない。

　アート表現を吟味していく段階で，クライエントはそれが自分にとってどのような意味をもっているのか，真剣な検討を試みている。クライエントが自分のイメージ体験について話しているだけでも，いつの間にか，それが意味することに気づかされることだってある。おそらくそのときのセラピストは，単なる客観的な観察者ではなく，一方には全体を客観化して見るような眼を置きながら，他方では，相互に信頼感で結ばれた関係性からクライエントと内的経験を共有し，より深い自己理解が達成されるような援助的かかわりをしているに違いない。解釈とは，クライエントが自己の内的世界の理解に役立つような洞察が見つけられるようにセラピストが援助することであろうが，クライエントによって報告された内容は，あくまでも本人の心の世界に属する独特のものであって，その人にしかわからない事柄も多く含まれているのもまた事実である。さらにもう一つ，今度は解釈されるクライエントの側に視点を置いてみると，セラピストによる解釈は，それまで気づかなかった自分にとって新しい内容なのだから，驚きや意外性を感じたり，すぐには了解できない，あるいは認めがたいものであっても不思議ではない。セラピストの理解のレベルと，クライエントが受け容れやすい説明の深さとが一致するとは限らないので，セラピストがいかなるタイミングでどのように伝え返していくかということが慎重に配慮されるべき重要なポイントになる。そして，これを可能な限り実現させるためには，クライエントの体験の流れに主体的にかかわり，相互の関係性や状況に密着しながらその変化に添っていくという姿勢をセラピストがどれほど維持できるかにかかっていると考える。セラピストがクライエントの表現を理解しているというは，さまざまに仮説的なイメージを湧きたたせることで，クライエントの内的な体験に触れられているという実感がもてているときである。

（4）クライエント-作品-セラピストをつなぐ

　あらゆる表現活動は，人との交流を前提として成り立っている。面接場面で，あたかもセラピストのことなど無視するようなそぶりで創作に没頭していても，心の片隅では，傍らにいるセラピストが良き理解者，良き共感者であることを願っている。そういう'見守ってくれる人''感じとってくれる人'の存在に動機づけられて，アート表現そのものが意味をもつようになるし，クライエントの自己探求はさらに進展していく。

　クライエントが描画なり，箱庭なり，コラージュなり，何らかのアートによる表現行為に取りかかろうとするときは，それなりの思い切りと覚悟をしているに違いない。自分でも予想外のものが突然出てきてしまうのではないかという恐れと，はたしてセラピストはそれをどこまで共有してくれるのか，わかってくれるのかという不安からである。こうした懸念をぬぐいさることができるのは，唯一，2人の関係性の質にほかならない。アートによる表現というのは，誰もが目で見える形を伴った作品を作るということでもある。そこにはことばより多くの意味が，あるいはまだことばにならないものが同時に内包されているが，クライエントはその外在化された作品と自己の内面とをつねに照合し，互いに交流させながら，創造活動のときの生き生きとした体験を頼りに，身体感覚も含めた実感的体験に根ざしたことばで，その作品について語ろうと努力する。

　一方，セラピストはセラピストで，まずは眼前に開示されているクライエントの作品を眺め，感じ，味わい，そこからさまざまなことを理解しようと努める。しかしそれだけでは，クライエントに対する十分なリアリティを感受することはできない。やはりセラピストも，明確に意識されていようが曖昧であろうが，これまでの治療の経緯から一人の主体として，自らの内面に築きあげてきたクライエントのイメージにも注意を向け，それと照合させながらその作品を感じ取り，はたきかけを起こしているに違いないのである。

　要するに，クライエントとセラピストは，双方の間に存在する創造物について，それぞれが自己の内面とも交流を起こしながらイメージを膨らませている

というトライアングルな関係がそこには成立していることになる（図Ⅰ-6）。クライエントは外在化された自分の作品を眺めながら，心に浮かんでくることを思いのままに語るが，作品と自己の内面との間にはほどよい距離が保たれているので，過度の防衛や抑制はする必要がない。クライエントが語る内容は，意識されている世界のごく一部にすぎないが，そうしたことばの背後にある言

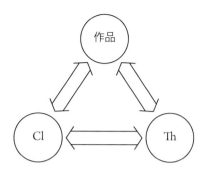

図Ⅰ-6　クライエント—作品—セラピストの関係性

語化以前の情動や思いも感じ取りながら，セラピストはその作品そのものや制作過程に付き添っていて感じた素直な体験などをこれに加味して伝え返していく。ここではすべてが，お互いの関係の中で，今，起こっていることとして推移していくのである。必然的に対話の中心は，セラピストがクライエントに質問したり，説明したり，解釈したりすることは減り，お互いが感じたこと，不思議に思ったこと，関心をもったこと，よくわからなかったことなどを率直に表明し，問いかけて整理し，理解を深め，そこに2人の新たな共有世界を築いていくといった方向性へと向かっていくであろう。このように作品を両者を紡ぐ中間的な媒体として，自己と他者との間に交わされる心的交流は，2者関係に比して格段に安定性と自由度が高く，不必要な抵抗や転移・逆転移，それにセラピストの'読み過ぎ'や'読み違い'も低減させることができる。本来，クライエントとセラピストによる作品の吟味やセラピストの解釈といったものは，こうした関係性の中で行われるべきことである。

　このようにして，クライエントとセラピストの両者はともに，自己の様態の多層的な理解が促進されるが，これと並行して作品も多面的に捉えられるようになり，さらにそれは新たに豊かな意味が付加された独自のイメージをもったものへと変貌して2人の間に存在し，両者の関係はつぎの段階へと発展していくことになる。

3．集団による表現活動

　音楽療法や心理劇，造形や身体表現などの多くは，集団で実施されている。また，絵画，コラージュ，箱庭も集団療法として行われることがある。こうした集団療法の場合，あくまでも'アートを主体とした集団'であって，そのアートを介して治療的な対人相互関係を展開していくことになるので，集団芸術療法（Group Art Therapy）という呼び方が一般的になっている。またこの集団療法は，単に個人療法を補ったり，あるいはそれを集団で能率的に行うという目的から生まれてきたわけではない。基本的には集団の中の各個人が治療対象であり，その個人の内的な変化や行動様式の適応的な変容こそが目的になっている。つまり集団には集団特有のダイナミクスやメカニズムをもっていて，それがときには個人療法ではうまく対応しきれないような問題にも有効に働き，集団のメンバー一人一人に対して，さまざまな治療効果をもたらすと考えられている。

（1）集団の構成と集団反応

　心理臨床における集団療法では，個々のクライエントが主な対象となるが，実際にはこれに限定されることなく，家族や学校，職場などの小集団にも適用されている。集団の編成は，セラピスト1～2人に対して，メンバーは7～8人が上限であろうが，これが10人を超えるようになると効果的な治療的構成は取りにくくなる。原則としてすべてのセッションでメンバーを固定して行うのがクローズドグループであり，メンバーの出入りが自由に認められているのがオープングループである。前者はいつも顔を合せるメンバーが同じなので，メンバー同士の親密感や凝集性は比較的早く醸成されるが，一度集団内に葛藤や軋轢が生ずると，それが解消されるまでに予想外の時間がかかったりする。一方，オープングループの場合は，集団による縛りもあまりなく解放されていて，メンバーの主体性や独自性が発揮されやすいという特徴をもつ反面，セラ

ピーの過程で不快なこと，つらいことがあったりすると，いつでもそこから離れることが可能であったりするため，集団として成立しなくなる危険性をつねにはらんでいる。

集団のメンバーは，成育歴や抱えている問題など，背景は皆さまざまであり，それが集団として集まれば，そのメンバーの組み合わせによって新たな集団として独特の「集団反応（G反応：group reaction）」が生まれる。さまざまな集団過程で起きてくる集団反応を的確に捉え，いかに治療効果へと結びつけていくかはセラピストが担うべき課題となるが，集団療法で共通して認められる主な集団反応にはつぎのようなものがある。

① **集団ホメオスタシス**

集団療法が開始されたばかりの段階では，主としてセラピストがリーダー的な役割を果たしていて，それがしだいにメンバーへと移行していく。しかし，まだお互いが何者であるかよくわからず，どうしても自分と他のメンバーとの違いにばかりに意識が向いてしまうため，集団自体が一時的にギクシャクして，互いに相手を無視したり批判的になったりする現象が表面化することがある。このようなとき，集団には極端な動揺を抑え，平衡を回復・維持しようとする集団ホメオスタシスの機能が働くのである。するとその過程で，メンバー間には仲間意識が芽生え，しだいに集団凝集性が認められるようになるなど，集団そのものも成長に向かって着実に前進していく。ここまでくれば，一対一の対人緊張に耐えられない人でも，集団の中で人目はそれほど気にしないでいられるし，周囲の様子を見て，それをモデルにしながら本人も活動に参加できるようになったりする。

② **多様相転移**

集団は，個人が複数のメンバーと接することにより，自分を映し出すたくさんの鏡の中にいるようなもので，さまざまな側面をもつ自己像に直面させられる場面である。集団過程では，個人療法におけるクライエントとセラピストの間の転移と同じように，他の複数のメンバーやセラピストに対してそれぞれ好意や拒否感といった複雑な感情を抱くなど，個々人には多様相の転移が生起す

る。これにより，相手との距離が急速に縮まったり，険悪になったりするが，これは自分が他者のいかなる側面，要素をどのように捉え，反応する傾向にあるかを理解する良い機会となる。

③ 鏡映像

集団のメンバーは，皆がそれぞれ個別の個性をもっている。そのため，多くの仲間と接していると，相手の中にまさしく自分の一面が映し出されているように感じられたりすることがある。他のメンバーの言動に接して，それと自分自身とを重ね合わせることで客観的に自己を見つめ直し，それにより気づきや洞察を深めることは容易になろう。また，他者の悩みや自信のない行動から自分の弱点や欠点を見せつけられると，思わず目をそらしたくなったりもするが，これは，その人がさまざまな側面をもつ自己像に直面させられ，間接的にそれを経験していることにほかならない。「苦しい思いをしているのは自分だけではないんだ」と他者と共通の悩みを見出して共感し，「自分だけが特異なのではない，異常ではない」ことを自覚して，孤独感や疎外感を癒すことができる。こうした体験によってこそ，人は自分の真の同一性，つまり自分の姿を発見できるし，そこから過去の自分との関連性を知ることもできる。

④ モデリング

メンバーが見せる行動には，自分がこれまでに身につけてこなかったものがたくさんある。人と話したり聞いたりすることを通して，話し方や人との接し方など，集団にはモデルとして吸収できる社会適応的な行動はいくらでも存在する。それによってリーダーなどへの同一化を深めたり，尊敬できる人やあこがれの人の言動を模倣したりして，しだいに対人関係は変化し，行動の変容がもたらされたりする。

⑤ チェーン現象

一人のメンバーの発言や行動が，他のメンバーの発言や行動をつぎつぎに誘発するという現象のことである。このような現象が発生する一つの条件は，集団内に緊張感が充満しているような状況である。もしセラピストやその集団そ

のものに不信感や不満がくすぶっているようなら，一人のメンバーの批判的な発言が契機になって，他のメンバーによる非難的な言動がつぎつぎに噴出したりする。このときの声の調子や表情，姿勢までが，みんな似ていたりするから，不思議である。もし同じこの状況で，誰かが不意につらい自分の心情を切々と吐露したり，他のメンバーへの優しい思いやりを示したりしたなら，集団の雰囲気は一挙に変化し，そちらの方向へと流れていくこともある。

（2）ある表現集団の活動形態

　ここで，アート表現を中心としたある集団療法を取り上げる。以前，心理臨床の場で長い間実践されていたものである。

　一時的にせよ，心の問題などで社会生活から離れていた人が，その回復過程で，再び社会に復帰していくために対人交流を深め自己表現を身につけて，自信を取り戻していくことを治療目標にして設置されたものである。場所は街中で市民センターのような機能をもつ施設の一室で，40畳ほどのスペースがあり，廊下をはさんで反対側には個人面接に使える部屋が3室ある。参加メンバーは主に，対人恐怖や引きこもり，抑うつ感情が強かったりして社会生活にうまくなじめないでいる人，それに精神科に入院していたが回復期にある人なども含まれる。全員が医師やセラピスト，ケースワーカーなどに勧められて来所している。グループに参加するメンバーはいつも10人前後であるが，参加者の顔ぶれは毎回多少変わるので，必然的にオープングループの形式をとっていて，各セッションでグループプロセスは一応完結させている。この集団には常時5〜6人の心理スタッフが加わるが，各メンバーには最初から個人面接を担当するセラピストは決まっていて，希望すればいつでも面接が受けられるシステムになっている。

　設備はお湯を沸かしたり，手や食器を洗うための簡単なキッチンがあって，自分でお茶やコーヒーを入れて飲むことができる。そのそばには皆で談話できるほどの大きなテーブルが置かれている。棚にはアートによる表現のための素材が多く並べられている。描画のためのクレヨンや絵具，ポスターカラー，墨汁に筆。箱庭セット，コラージュのための数多くの写真雑誌，粘土，それ

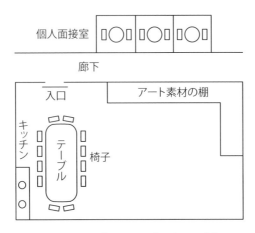

図Ⅰ-7　集団セラピー室の一例

に模造紙も含めた大小の画用紙。そして室内にはピアノやCDプレイヤーもある（図Ⅰ-7）。セッションは週一回3時間で，途中の出入りは自由に認められているが，個人的な事情で遅刻や早退はあっても，ほとんどのメンバーは3時間をこのグループで過ごしている。

　各セッションに共通した集団過程の大筋は，概ねつぎのようなものである。まず部屋に入ってきて好きな飲み物を手に，テーブルに集まってスタッフも交えた楽しい会話がしばらくはつづく。やがて誰からともなく今日やることの提案があったりして，作品の制作に取りかかる。スタッフはリーダーとしての役割を取ることはほとんどなく，基本的にはメンバーの一人として参加している。あるときは，一つのコーナーに何人かが集まり，個人で，あるいは共同で絵を描いている集団があるかと思うと，別のコーナーでは数人で俳句作りを始めていたりする。すべての時間，全員が一つのことに熱中して終わる回もある。もちろん，初めから一人で好きなことをやっていてもかまわない。途中で個人的なことを話したり相談したくなれば，担当のセラピストと個人面接室で対話したりしている。こうして一日の終わりには，希望者が集まって，今日一日のそれぞれの体験や感想をお互いが自由に語り合うシェアリングの時間が設けられている。

この種の集団療法では，作品を制作するということそれ自体の治療的な意義を重視するグループと，シェアリングを通して制作した作品を媒介に言語的なやりとりといった相互交流にウエイトを置くグループとに分かれようが，ここでは両方にほぼ同程度の重きを置いて実施している。絵画，造形，心理劇など，集団でやることがあらかじめ決まっているグループだと，いつかは飽きがきたり，興味関心が他に移ったりして，継続して参加するのがむずかしくなったりすることがある。しかし，このグループではアート表現のレパートリーや形態には状況に応じて多様なバリエーションの設定が可能なので，この問題はある程度クリアーされている。むしろ参加者の多くは，メンバーに開放的な一体感を抱きながら継続して通う傾向にあり，ここでは「自分たちの居場所」といった感覚を体験しているようである。

　心理スタッフの間で，いつしかこのグループをアモルフ（amorph：形態をもたない，混沌とした）と呼ぶようになったことからもわかるように，治療構造は比較的緩いと言える。これが集団内のダイナミクスを活性化させ，相互関係の深化を促進する方向に働くときはよいが，メンバーが「ここで自分の時間や空間を少しは構造化できている」といった感覚が希薄で，その場にただ立ち尽くしてしまっているような様子が認められたのなら，即座に個人面接に誘うなど，心理スタッフの的を射た柔軟な対応が必要とされる。またスタッフには当然，何種類かのアート表現の技法や理論は身につけていることが求められるが，そのための研修もそれなりの時間を要する。

1章　こころを描く

1．絵画療法

　図Ⅱ-1は，大学生が木（バウム）を一本心に浮かべ，それを思いつくままに描いてもらったものである。今度はこの紙を他の学生に見せたり身振りを加えることなく，ことばだけでその木のことを説明し，そこからイメージされたものを皆に描いてもらった。そしてその後に，両方の絵をつきあわせて，見比べてみたのである。その結果，説明を聞いて描いた自分の木が，最初の描き手である大学生の木と形状がほぼ似ていると判断した人は，全体の半数を少し超える程度はいた。ところが，その木の絵そのものから感じられる勢いや流れ，雰囲気といったニュアンスまで自分はある程度イメージできていたと思える人はずっと少なくなっていたのである。

　このような簡単な木でさえも，もし，これをことばだけで表現するとしたら，幹の太さや形，大きさ，樹冠の形態や葉の茂り方，枝の張り具合，それに全体の筆圧や勢いなど，たくさんの項目にわたって詳しい描写が必要になる。この絵を見ていない人にことばだけでこれを伝えるとなると，どれほど丁寧にことばを尽くしたとしても，なかなか思い通りには表現できないもので

図Ⅱ-1　樹木画

ある。できるだけ正確に伝えたいとことばを重ねれば重ねるほど，かえって説明過剰になって全体像の把握はむずかしくなったりする。たった1枚のこうした絵でも，それを直接見ることによって，私たちに伝わってくるものには相当なものがあることがわかる。

（1）絵画表現の適応

　誰でも，絵を描いたことがある。紙と鉛筆さえあれば，いつでも，どこでも描くことができる。子どもの頃は，うまいも下手も関係なかった。ただ描くことが楽しくて，絵を描く遊びに熱中していたものである。非言語的な自己表現の手段として，描画行為ほど日常生活にすっかりとけこんでいるものはない。与えられた一つの表現空間に，幼い頃の自分と，昨晩見た夢，それに未来の想像上の世界を一緒に描くというように，描画は現実的な時間と空間を超えたイメージの世界を紙面の中で自由に展開させることができる。

　絵画療法には，最初から心に浮かんだことや気になっていることをそのまま絵にする自由画法と，人物や自然や家族などセラピストがテーマを設定し，一定の枠組みを与えることで描画活動を促す課題画法とがある。そして，治療目的によって，これを個人で行うこともあるし，集団で実施することもある。また，描画の導入時期を見計らうのはむずかしい。ある一定時期，絵を描くのがつづくことはあっても，毎回必ず描いているということはまずない。治療の文脈でクライエントが，絵を描きたい，あるいは絵で表現したほうが自然だ，と感じたときに取り組んでもらうのが理想である。そのようなときこそ，鉛筆を走らせる様子からは，描かれた絵と同じくらいいろいろなことが伝わってくるであろう。もしクライエントにきっかけがうまくつかめず，描くのを躊躇していたり，戸惑っている様子が見られたなら，セラピストが先にやわらかい線や色を画用紙に描いてあげるといった柔軟で即応的な対応も必要である。描くものはなぐり描きでも，抽象的なものでも，目の前にある物の模写でもかまわない。絵は完成しなくてもいいのであり，まったく描かなくてもいい。絵画療法では，自発的な自己表現が保証されていることが必要で，セラピストとの許容的な雰囲気の中で，描画という全心身的な行為を媒介に相互の交流から関係を

深め，自己表現・自己洞察を促進させることに主眼が置かれているからである。

　絵画療法で用いられる道具は，いつでもできるように手の届く範囲にそろっていることが望ましい。そうでないと，イメージはつぎからつぎへと展開していくものであるから，そのチャンスを逃してしまうことになりかねない。画用紙の大きさは，個人の場合はA4かB4が一般的である。状況によっては，画用紙を2枚つなげたり，模造紙半分くらいの表現空間を必要とすることもあるが，それがかえってクライエントの感情表現に歯止めがきかなくなり，混乱をまねくこともあるので注意を要する。画材としては，鉛筆，クレヨン，絵具，パステル，サインペンなどが多く用いられていて，それぞれの素材のもつ特質によって表現の感覚は多少異なる。鉛筆なら何度でも消して描き直しができるが，クレヨンだとそれはむずかしい。その分，クレヨンは色の世界を楽しむことができる。絵具やパステルには，ぼかしを入れることで微妙なニュアンスを生かせるという長所がある。指にじかに絵具をつけて描くフィンガーペインティングなどは，感情の動きを身体を使って直接表現しているという感覚が得られるので，常識の枠を超えた表現方法となろう。

　また，日本画や習字の用具をそろえておくのも一つの工夫である。硯でゆっくり墨をすりながら心を整え，白と黒という単純な世界では逆に，具体的な'色'に制約されることが少ない。それに，墨の濃淡や余白には，そのときどきの自分の気分にあった色や形を置くことができるし，ときには新たに生まれてきたイメージをその空間に思い浮かべておくこともできるので，それだけ表現に余裕と幅をもたせることができる。

　自分の感性や世界が，人とはどこか違うと感じ，集団になじめないでいる自分が際立って意識され，疎外感を感じるようになっていた女性。この感覚は幼い頃から感じてはいたが，悩むようになったのは中学生になってからであった。それでも「遅れないように皆の後についていき，皆と同じように振る舞うことで，その場をなんとかやり過ごしてきたように思う」と言う。大学を卒業し一般企業に勤めて4年，ファッションや趣味，男友達といった同僚の女性たちとのたわいのない会話に入れず，一人で本を読んでいたり，ボーっとして時間を過ごすことにも嫌気が刺すようになってから，激しい葛藤を繰り返すようになった。自分を抑えて人と協調することはできないし，したくもない。だからと

図Ⅱ-2　うずまき

図Ⅱ-3　円相

いって本当に自分がしたいこと，考えていることにはずっと蓋をしてきたのでよくわからない。やがて，自分は「人からどう見られているのか」をとても気にし，「人に認められたい」と強く願っていることを自覚する。同時に，これと「自分は自分でいいんだ」という思いとの矛盾が葛藤を生んでいることにも気づくようになって，渦巻き状の絵をよく描くようになった（図Ⅱ-2）。人と自分とがうまく融合している状態を表現したかったようであるが，これは何度描いても説明的で不自然に感じられ，しっくりこなかった。そうしているうちに，あるときからいわゆる円相を描くようになった。あくまでも人は人であり，自分は自分なのだが，それらすべては広い円（社会）の中で作用しているのであるから，ここでいつまでも対立していても始まらない。こうして数多くの円相を描いた末に，「円の中では人と自分はそれぞれ独自の動きをしてはいるものの，並存していて全体としてのまとまりがあり，ときには安らぎや親密さ，そしてバランスさえもたらしてくれる。しかも円は閉じられてはいないので，いつでもそこから出ていって，また戻ってこられる自由さを備えている」というイメージを，その円の空間に見出せるようになっている（図Ⅱ-3）。

（2）実施上の課題

　アメリカにおけるアートセラピーの先駆者とされるマーガレット・ナウムブルグ（Naumburg, M., 1966；1987）は，基本的には精神分析に描画や絵画を導入するという方法を用いている。つまり，クライエントには自由連想によって

浮かんできたイメージを絵にしてもらうというもので，そこで表現されたものは無意識の葛藤の内容を明らかにしているとし，これをクライエントとともに解釈していくというアプローチをとる。つまり，描かれた作品は，無意識の中で起こっている過程を，視覚イメージを媒体にして映し出す鏡のような役割をしていると考えているのである。

言語的なかかわりを中心とする面接場面で，描画といった非言語的なものが併用されると，クライエントとセラピストはともに作品に意識を向けた対話をするので，いつもなら視野の外に置いておきたいような複雑な感情や欲求にも触れやすくなり，相互の交流は比較的和やかなものとなる。クライエントが作品を創作していくプロセス自体は，一定の限られた時間と空間の中での束の間の表現でしかなくても，これを理解しようとするときは，アート表現を導入したこれまでの豊富な臨床経験が何より支えになるに違いないが，そうはいっても，いくつかの評価尺度を用意しておくことも必要であろう。たとえば図Ⅱ－4は，バウムテストの空間解釈に用いられる空間図式である。これなどは，基本的にはあらゆる描画に共通して適用できるとされている。こうしたものに頼りすぎれば当然，絵のもつ生命性やダイナミクスを見落としてしまうことになりかねないが，これをうまく活用できたなら，それは作品理解の有力な手がか

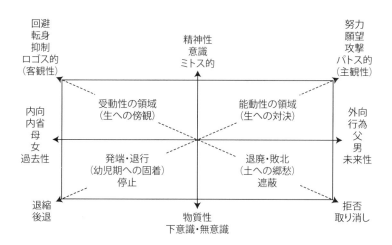

図Ⅱ－4　空間図式（Koch, K., 1952）

りになる。

　言うまでもなく，絵画療法の特徴の一つは，クライエントが絵を描いている過程をセラピストは傍らでじっと見守ることができるという点にある。描くことそのものが治癒力を促進させるが，セラピストはクライエントが自分の作品を生み出すという創造の場に立ち会うことができるのであるから，「何が描かれているのか」ではなく，「どのように描かれるのか，生み出されるのか」に焦点を当てて理解することができる絶好の機会を得ているのである。そして，絵はたいてい，それが描かれたそれぞれの時点でのクライエントの心的様相を表しているので，そのクライエントにとって今後ポイントとなると思われる着目点をいくつか設定し，絵をシリーズとして体系的に見てその変容過程を捉えていくことによって，より深い洞察や理解が得られる可能性が生まれよう。

　クライエントは目には見えない自己の内的世界にまなざしを向け，これを視覚イメージとして絵に表現する。セラピストはその絵を大切な手がかりとして，クライエントの心を内側から理解しようと試みつづける。もし，そこでクライエントの絵を，スライドで説明を受けているかのように三人称的に眺めていたのなら，内側から理解することは破綻し，クライエントの心は見失われる。反対に，セラピストの主観的な世界に引き入れてこれを鑑賞しようとするのも同じである。クライエントとセラピストはともにいるという二人称的な関係を忘れることなく，ときにセラピストが描かれた人や木そのものになりきってみたり，その風景の中に立ってみることで，貴重なことがたくさん感受できるようになると思われる。

2．診断と治療のための描画テスト

　「Ⅰ-1章．表現という行為」で触れたように，描画という行為では，描き手のユニークで個人的な内的世界が思いのままに表現されるので，心理アセスメントと心理療法の両面が同時に機能しているとみなすことができる。たとえば人物にせよ樹木にせよ，一定のテーマを与えてそれを自由に描いてもらう心

理テストでは，描き手は自然に思い浮かんだものをそのまま自分なりに表現すればよい。そこでは見せかけの自分を意識して誇張したり，ある面を意図的に隠したりする必要も少ないので，それだけ'その人らしさ'に近づくことができ，内面にあるものがそのまま絵に投映されやすくなる。そして，もし描画がテストとして使われたなら，画用紙に描かれたものが主な分析や診断の対象になるし，心理療法の一技法として用いられるのであれば，描画の内容とともに，プロセスそのものもクライエントを理解する貴重な手がかりとなる。実際の心理臨床の実践では，診断と治療は一連の連続した過程として扱われるべきものであって，たとえ診断のために描画を実施したとしても，それはそのまま治療に生かされなければならない。描画が診断に，あるいは治療に有効に活用されるのは，描き手が今体験している自分のイメージをどれほど生きているかであって，そうした体験からストーリー性豊かに描かれたものであるならば，それはもう診断や治療の枠組みを超え，そこで展開される表現の意味は一層の広がりと深みを増していく。

このように自由度が高く多様な表現が許される描画では，診断基準や解釈の仕方が厳密に設定されているものは少ない。むしろそれは不可能であるし，そうすることでかえって描画のもつ特質を損なうことにもなりかねない。ある意味描画は，実に多様な解釈が可能なのである。ときにセラピストは，多少とも現実的な判断を離れ，自分の感覚や直観に従ってクライエントの心的世界を全体として理解しようと試みたりもする。それが，現に目の前に存在するクライエントの心的世界に肉迫するための，一つの有効なアプローチとなるからである。とはいえ，同時にそれは，描画の内容からセラピストが勝手にクライエントのイメージを作り上げてしまうという危険性をはらんでいるということも，心に留めておかなければならない。

（1） 人物画

子どもが人物を描くとき，一面では，自分や他者など人間一般をどのように知覚しているかという，感情や欲求を含め人間に対する本人の認知の仕方が描出される。たいていは，具体的な誰かを心にイメージし，そのイメージに基づ

いて人物を描いているのだが，その多くは自分の欲求や感情，対人態度，それに身体的特徴など，その人自身のさまざまな側面が投映された自己像や身体像であったりする。また，たとえそれが特定の他者，あるいは人間一般を描いているのだと言っても，それはそれで本人の人間に対する認知の仕方や態度，感情といったものがそこに表わされているに違いない。

そしてもう一方で，手や顔，胴体を精緻に描くという動作には，子どもの運動能力，知覚・認知能力，視覚と運動の協応能力などが深くかかわっている。すなわち，人物画には子どもの心身の成熟の状態が如実に反映されるということで，これを知的発達の側面を捉える検査として用いられてもいる。たとえば，世界で知能の研究が盛んに行われるようになった1926年にグッドイナフ（Goodenough, F. L.）が開発したDAM（Draw-A-Man）などは，子どもが描いた人物からその子の知能を推測しようとする検査法の代表的なものである。日本でも桐原（1944）によって標準化され，実施法も何回か改訂されているが，現在では小林（1977）が修正を試みたものが広く普及している。基本的にこれは，人を一人前向きで，頭から足の先まで描いてもらうというもので，頭や顔，目，鼻，口，耳，それに腕や足など，身体の各部位をどれほど精密に描くことができるかということが，知的発達の水準と対応するという考えに基づいている。

① DAP（Draw-A-Person）

マコーバー（Machover, K., 1949）は精神分析の立場から，人物描画を投映法の一つと捉え，そこには描き手の無意識の欲求や葛藤，それに防衛のメカニズムなども映し出されると考えた。したがって，描かれた人物は発達的観点から理解されるとともに，性格特性を把握するために象徴的な解釈も行われる。その後も，それぞれの立場によって多少の違いはあるが，マコーバーの考えにそった研究はコビッツ（Koppitz, E. M., 1968）や日比（1994）らによって改良が加えられながら今日へと発展している。

まずクライエントには画用紙が2枚渡され，これから描いてもらう絵は'うまい，下手'を問うものではないことを理解してもらう。ついで，「人を一人描いてください。顔だけでなく，全身を描いてください」と教示する。描き終わった時点で男女の性別を尋ね，今度は反対の性別の人を描くよう求める。こ

うして得られた2枚の人物画については，夢の自由連想のように，さらにその人物の年齢や職業，生活状況，それに今感じていること，考えていることなどをイメージしてもらい，そこで思いついたことは自由に話してもらう。こうした質問から，その人物が自己像や特定の他者など，どのような人間を想定して描かれたものなのかが，しだいに明らかになってくる。

　人物画の解釈は，'全体的印象''形式の分析''象徴の分析'の3つの観点から主に行われる。まずは全体的印象で，ここでは全体としてのバランスが悪く不安定であるとか，激しい攻撃性，あるいは反対に無気力，委縮した状態が強く印象づけられるといったように，描画の意味を直観的に把握することがテーマになる。2枚の絵を比較したとき，描かれた男女の大きさや筆圧，空間の使い方などに明確な違いが認められることもある。形式の分析というのは，どの描画にも共通した分析の視点で，人物の大きさや位置，筆圧や線の勢い，陰影と濃淡，それにパースペクティブなどが注目される。そしてもう一つの内容分析とは，いかなる人物をどのように描いているかということで，その人の何を強調し，どこを省略したり無視しているのかといった点が分析の対象になる。最初に描いた人物が同性であるか異性であるか，また，その人が置かれている状況やテーマ，それに顔や身体の特徴，身につけている服やアクセサリーなどについても，象徴的な分析がなされたりするが，やはりこれは，全体的印象や形式分析などから得られた情報をも加味して，総合的に判断される。

② 雨の中の人物画（Draw-A-Person-In-The-Rain）

　DAPの教示を改訂し，場面を'雨の中'という特定のストレス状況に限定して人物画を描かせるのが，ハマー（Hammer, E. F., 1958）によって紹介された雨の中の人物画である。教示が「雨の中の人物を描いてください」，あるいは「雨の中の私を描いてください」（石川，1985）となっていることからもわかるように，雨を，私たちの環境にあるストレッサーのシンボルとして扱っている。つまり，雨の中の人物画には，私たちがこのストレスフルな環境をどのように感じ，いかに対処しようとしているかが投映されると想定しているのである。

　いわゆる人物画に，'雨の中'という新たな課題を加えたことは，描き手に

図Ⅱ-5　雨の中の私

とってはそれがかなりの刺激語となって興味や関心を呼び起こし，DAP よりも，外部からの圧力やストレスに対する構えのようなものをうまく浮き上がらせることができるようになった。単に'人物'となると何を表現したらよいのか戸惑ったり，抵抗が働いてしまう人でも，これに'雨の中'という状況設定が一つ加わることで'ストーリー性'はずっと膨らみをもったものになることが考えられる。また，さらに教示を，「雨の中の人物」から「雨の中の私」にすることで，抽象的な人間一般ではなく，ストレスに対する私そのものの様態がストレートに反映されるようになることが期待される。そして，この人物画が完成したあとで，描かれた人物について「この人はストレスのある環境に直面したとき，どんな感情を抱き，いかに反応すると思われるか」とか，「どのような防衛の仕方をするのであろうか」といった質問をしてみることで，描き手に関する有益な情報をさらに得ることができる。

　小学5年生の女子，学校帰りに突然雨に降られて雨宿りしているところ（図Ⅱ-5）。学校では友だちも少ないので，おもしろくないから皆と遊ばずに早めに帰ってきたのだという。もうすぐ雨はあがりそう。でも，このまま帰っても両親は仕事で家には誰もいないから，「戻ってもつまらない，淋しい」。しか

もここはよその家の軒下だから，ここも「何となく居づらい」。「これからどうしよう，何をしようか」といろいろ考えてはみたけれど，結局「わかんない！」とストーリーは展開していく。

（2）樹木画（Baum-test）

　心理臨床の領域ではかなり浸透している樹木画，つまりバウムテストは，スイスのコッホ（Koch, K., 1952）が多くの樹木画から共通した特徴や普遍的な意味を見出し，投映法の一つとして体系化したものであるが，現在では治療促進的な活用もさかんに試みられている。木は大地に根を張り，そこから養分を得て天に向けてまっすぐに成長し，やがて年月を経るとともに枯れて朽ちていくというように，人間の生涯と同じようなプロセスをたどる。そして，形態的にも左右がほぼ対称で，内から外へ向かおうとする動きをもつなど，人間と高い類似性を有するのである。こうしたことから，樹木画には意識・無意識を含めた自己像の一部が，ひいてはパーソナリティの全体性が反映されやすいと考えることができる。とはいえ，コッホはあくまでも樹木画を，「精神診断のための補助手段」と位置づけており，「われわれは限界を知っていなければならず，心のすべてが表現されていると判断してはならない」とも述べている。

　A4判の画用紙と濃い鉛筆，消しゴムが，このテストの用具のすべてである。教示としてコッホは「実のなる木をできるだけ上手に描いてください」と言うように指示しているが，現在では「実のなる木を一本描いてください」，または「木を一本描いてください」が標準になっている。また，'実のなる木'というと，寒冷地と温暖地域といった地域性や文化，国によっても，いわゆる果樹のイメージはかなり異なることがあるので，おそらくもっとも簡素化された後者の教示のほうが多く使用されていると思われる。

　バウムテストの解釈・判定は，「形態分析」「動態分析」それに「空間分析」という3つの観点から試みられる。描かれた樹木の各部位の形態について，描き手の発達的側面をも慎重に考慮しながら検討していくのが形態分析である。根は大地とつながり，栄養を吸い上げる大切な部分で，自己の存在感の安定性ともかかわりが深い。幹には，自我の強さや生命性が表現されるとされ，あま

りにも細くて弱々しい幹であるならば，自我の脆弱さ，生命感の欠如が懸念される。樹冠は外界や環境とかかわる接触領域として，描き手の精神生活や目標などが象徴的に表わされ，これと外界と直接触れる枝とのバランスから，外界や環境に対する態度やかかわりを見る手がかりにしたりする。

　動態分析というのは，筆圧や線を描くときの速さや勢い，それに規則性やバランスといった，鉛筆の動きの特徴について分析するもので，もともとは筆跡学から得られた知見などをもとに，描き手の性格特性などを推察しようとする。そして空間分析というのは，空間の象徴性の解釈のことである。すでに図Ⅱ-4で示したコッホの空間図式はこれを理解するための一助となる。木は地面から芽を出して上方へ伸び，それが幹となってさらに成長をつづける。同様に，幹からは前後左右に枝を生やして樹冠を形成し，やがては幹を中心にして左右調和のとれた対称性のある姿を現わす。そこでこれを縦軸として考えると，上側は観念や空想の世界を，また未来や努力目標などを表わし，下側は具体的な現実世界や無意識を，さらには自己の存在の基盤や源泉を象徴するとされている。一方，中心から右側は，外に向かう傾向や未来，男性性が，反対に左側は，内面性や過去，それに女性性や感情世界が象徴的に表現されやすいと考えられている。この空間象徴の考えは，経験的には有効性があると実感しているが，当然，実証性の面では問題は残るわけで，あくまでもバウムテストを理解するときの一つの参考理論として活用すべきである。

　また日本では近年，2人の精神科医を中心に樹木画を心理テストではなく，心理療法の一つとして明確に位置づけ，これを「木景療法」として実践した研究がまとめられている（加藤・丸井，2011）。実施法は，基本的にはバウムテストと大きく変わるところはない。クライエントにはできるだけ継続して樹木画を描くように面接で誘導し，セラピストは絵を解釈するのではなく，治療の進展に役立つように簡潔なコメントで伝え返したり，その絵を素材に対話を進めていく。描かれた樹木そのものだけではなく，白紙の部分も含めその樹木の背景にある風景にも注目するというのがこの療法の特徴で，感情の安定度やエネルギーの量とその使い方，依存性と独立性，それに対人関係能力といった，主に10の視点に着目して理解が試みられる。同一のクライエントに長期間継続して描いてもらった樹木画を時系列的に並べてみると，その人の精神的な成

長や症状の改善過程などが手に取るように伝わってくる。

① HTP（House-Tree-Person test）

　バック（Buch, J. N., 1948）の創案によるHTPは，横にして置かれた1枚目の白紙には家屋を，2枚目と3枚目は白紙を縦にしてそれぞれ樹木と人物を描いてもらうというものである。すべての描画の完成後に，各描画を前にして，「誰の家か」「何の木か」「人物の性別や年齢は」といった簡単な質問から始まって，個々の対象の属性や環境，さらにそこから連想される事柄などを尋ねることで，描画の解釈の手がかりにする。

　家屋，樹木，人物という3つの課題が選ばれたのは，そのどれもが身近にあって，誰にとってもなじみのあるものばかりで，しかもあらゆる年齢層やさまざまなタイプの人にも受け容れられるものだからである。これらはまた，他のものと比べて，はるかに豊かな連想を刺激する力をもっている。描く順が，家屋→樹木→人物と決められているのも，描き手にとって，自己の投映的要素が比較的薄いと感じられるものから順に導入することによって，不必要な構えをできるだけ取り除こうとする配慮がなされている。

　家屋画には，自分が育ってきた家族の人間関係や生活状況が表現されることが多い。家庭には愛情と安全，保護が求められるが，それがどれほど満たされてきたかは，部屋には暖かい暖炉の火が燃えている家として描かれたり，今にも壁が崩れそうな古い家として描かれたりする。樹木画に表現されるのは，その人の人生における役割と，環境から利益を得る能力に関係しているとされる。それは，たわわに実をつけた大樹であることもあるし，風が吹けばすぐに折れてしまいそうなやせた木であることもある。そして人物画であるが，これはすでに述べてきたように，自己の感情をストレートに刺激する対象となりうるので，人によっては家屋や樹木より描きにくい。それでも，これまで生きてきた半生で目標を見失い，意気消沈している状態が，力なくうつろな表情でたたずんでいる姿として表現されたり，楽しかった日々の生活が明るく人に微笑みかけている光景として描かれたりする。結果を整理する際の基本は，発達段階に応じた評価点の表にしたがって数量得点化し，これを成熟度や知能の発達の程度の目安とする量的分析と，各描画の構成度や内容を分析する質的分析の両面

から行われる。

　HTPの変法としては，わが国で広く用いられているものに限定すると，まずは高橋（1985；1986）のHTPP法があげられる。これはマコーバーが男女それぞれの人物画を1枚ずつ描かせた方法を応用し，家屋と樹木，それに同性の人物と異性の4枚を描かせるところに特徴がある。こうすることで，同性の人物画からは自己の現実像が，異性の人物画からは異性に対する認識の仕方の情報が得られるとしている。もう一つは，統合HTP（S-HTP法）といわれるものである。これはすでにバアンズ（Burns, R. C., 1987）が行っていた，家屋と樹木と，それに人が何かしているところを1枚の紙に描いてもらうという動的HTP（Kinetic-House-Tree-Person Drawings）の施行法を，三上（1995）が別の観点から改変したものである。この方法では，「家と木と人を入れて，1枚の絵を描いてください」と自由度を高めた教示をするので，描き手が家・木・人をどのように相互に関連づけて描いているかをみるという視点がもう一つ加わったことになる。したがってその描画には，描き手の自己と外界，意識と無意識などとの関係性が鮮明に投映されるようになるので，描画に描かれた個々の対象の細かな特徴よりも，全体的評価のほうがS-HTPを判読するさいのもっとも有効な手がかりになると考えられている。

（3）家族画

　家族は，私たちの人生の出発点であり，心身ともに健康で充実した生活を営むために重要な役割を果たしている。もし，その家族の構造や機能に深刻な歪みや欠陥があるならば，家族成員にさまざまな問題を引き起こす可能性があるということになる。家族描画は，家族内の人間関係や各成員が置かれている状況を把握し，家族そのものを，あるいは各成員の心理的援助に役立てる目的で多くの方法が開発されてきた。

　従来の家族画では，「家族の絵を描いてください」（DAF：Drae-A-Family），ないしは「あなたの家族の絵を描いてください」（FDT：Family-Drawing-Test）といった教示で実施されることが多かった。誰でも，自分の家族のことを人に話すことにはためらいを感じるが，このような教示であれば，家族の絵

を描くことへの抵抗や防衛は比較的少なくてすむであろう。ただ，DAFのような場合は，いわゆる一般的な家族が描かれたりする可能性があるし，FDTであっても，本人を含めた家族成員を記念写真のように並列的に紹介するだけの単純な絵になってしまうこともありうる。これでは，家族のダイナミクスや感情の相互交流といった生きた情報を得ることはむずかしく，こうした問題点を克服するための工夫がこれまでにもいくつかなされてきた。

① 動的家族画（KFD：Kinetic Family Drawing）

　バアンズとカウフマン（Kaufman, S. H.）が開発した動的家族画（1972）は，21 × 27cmの白い画用紙を用い，教示を「あなたも含めて，あなたの家族のそれぞれが何かをしているところの絵を描いてください」としたところに大きな特徴がある。すなわち教示に，'家族が何かをしているところ' という運動，動作を加えることで，家族全体のダイナミックな力動性とともに，統一性や組織性もずっと反映されやすくなった。

　たとえば，いつも通り家族でテーブルを囲み食事をしていたり，テレビをみているといった何気ない普段の光景でも，家族のそれぞれが描かれる順序，大きさ，顔の向き，表情，動作，それに各成員が座る位置関係や距離といったことから，各成員が家族で占めている位置や相互コミュニケーションの取り方，それに情緒的交流の豊かさなど，その家族について実に豊富な情報を得ることができる。家族成員の内，自分だけがその絵に登場しなかったり，あえて皆から一人離れている姿を描いたりすることもある。また，不登校の状態にあったり，非行を繰り返していて，家族の内に自分の居場所が見つからず，自分だけは後ろ向きで描き，けっして顔を見せようとはしないケースも何例か経験している。

② 合同動的家族画（CKFD：Conjoint Kinetic Family Drawing）

　KFDに表現されるのは，描き手からみた家族の様態であって，これでは家族集団の力動関係そのものを把握することはできない。石川（1986）はこの問題の解決として，家族全員で1枚の動的家族画を作成してもらう合同動的家族画の実施を試みている。つまり，家族全員が集団で参加し，共同で1枚の動的

家族画を完成させていくのであるから，単に家族による描画テストにとどまらず，これ自体が家族療法の文脈の中で導入される治療技法として活用されることも少なくない。

　家族は互いに話し合いながら，それぞれが描画に取り組み始める。意外にも家の決定権は母親が握っていたり，末っ子の言動に家族全員が振りまわされるといった光景が見られたりする。息子はファンタジーの家族を描こうとするが，父親はこれを現実レベルに戻そうと躍起になったりするかもしれない。こうした経過を経て共同制作が終了したところで，各成員が率直に感想を述べ合い，少し冷静になってお互いの気持ちに耳を傾ける時間がもたれる。合同動的家族画では，制作過程で交わされる家族間の会話や行動からも，この家族に関するさまざまな情報がもたらされ，成員にも互いの気持ちや意図がフィードバックされるので，診断と治療が一体化された要素をより多く含んでいると言える。

③ 円枠家族描画（FCCD：Family-Centered Circle Drawing）

　KFDを創案したバアンズ（1990）が，曼荼羅（マンダラ）から「円枠」という着想を得て始めたのが円枠家族描画である。直径20cm程度の円がすでに描かれている紙を渡し，「円の中心に両親と自分を描いてください。中心に描かれたシンボルをもとに自由連想をしたことを円の周辺に描いてください」と教示する。つまり円の中心に父，母，自分を描き，その視覚的な自由連想から思い浮かんだシンボルをその周辺に描くことで'円枠親子描画'ができる。円の中心に3人がしっかり寄り添っていたり，逆にバラバラな分散状態にあったり，一人だけが特に誇張されたり，顔が描かれなかったりと千差万別で，3者の関係がより鮮明に見えてくる。

　場合によっては，父，母，自分をそれぞれ1枚ずつ別の円に描くという方法が用いられることもある。

（4）風景構成法

　人の心にはさまざまな風景が刻み込まれている。ときにその風景を思い出したり実際に眺めることで，昔を懐かしんだり心の安らぎを感じたりする。風景

を描くというのは，まさにこの内なる風景を視覚的イメージとして表現することにほかならない。1970年，中井久夫によって発表された風景構成法は，もともとは箱庭療法を統合失調症者に適用する際の予備テストとして出発している。やがてそれ自体に独自の意味と価値が見出されるようになり，独立した方法として体系化され，これまでにも多くの臨床事例が報告されている（山中，1989；皆藤，1994；2004）。それによると，教示が理解できればほぼ6歳頃からほとんどのクライエントに適用可能であるが，統合失調症の急性期や臨界期の人，それに躁病やうつ病の急性期の人への導入には，当然ながら細心の注意が必要になる。

用具は，A4判の画用紙と，黒のサインペン，24色程度のクレヨンがあればよい。セラピストは最初クライエントの眼前で，画用紙の周囲をサインペンで枠づけしながら，「今から私の言うものを一つずつ描き込んで全体を一つの風景にしてください。うまい下手は関係ありませんし，やりたくなくなったらそう言ってください」と教示し，横向きに画用紙を置いてサインペンを手渡す。

クライエントが，描画への興味や関心を示すようになったら，描き込んでもらう10個のアイテムを順に伝える。一つのアイテムが描き終わったらつぎのアイテムを告げるのであるが，そのどれもが象徴的な意味をもっているので，提示順は以下のように決められている。

大景群：これによって風景の構成はほぼ定まる。
　　　　①川　②山　③田　④道
中景群：大景群で残された空間をどのようにまとめるか。
　　　　⑤家　⑥木　⑦人
近景群：身近な生活を描き入れて，構成を豊かにする。
　　　　⑧花　⑨生き物　⑩石

これらすべてのアイテムを描き終わったら，「付け加えたいもの，直したいところがあれば自由にやって風景を仕上げてください」と告げる。

こうしてサインペンでの素描が終わったら，つぎは絵に彩色をしてもらう段階で，セラピストはその過程を見守ることになる。やがて風景画が完成したなら，2人でそれをしばらく眺めてみるが，初めてクライエントと同じ方向から風景を眺めるということで，これまで気づかなかったことや問いが生まれてき

たりすれば，それを伝えたり尋ねてみるのもよい。ただ，クライエントは何気なく描いたものではあっても，それへの意識化を迫られることでショックを受けたり，痛みを覚えたりすることはいくらでもありえる。

　風景構成法がもつ特徴の一つに，クライエントが見ている前で画用紙に枠づけをするというセラピストの行為をあげることができる。これは人物画や樹木画などにも適用できるのであるが，セラピストがクライエントの描画行為の中に一歩踏み出し，クライエントを保護して安全を保障しつつその内的世界を動かして描画表現を促進させようという意図からなされるものである。

（5）星と波描画テスト（Star-Wave=Test）

　もう一つ，描画表現に描き手の豊かなストーリー性が織り込まれる潜在可能性をもつテストに，星と波描画テストがある。これは1970年代にドイツの心理学者アヴェ・ラルマン（Ave-Lallemant, U., 1979；1994）によって開発された描画テストである。日本でもすでに解説書や手引書として何冊かは刊行されていているが（小野，1998；リーネル他，2000），香月（2009）はこれまでの先行研究や臨床実践による検討に加え，解釈の妥当性を検証するための基礎的研究も実施し，これらを体系的にまとめている。

　具体的な実施方法は，描き手に鉛筆とあらかじめ黒い長方形の枠が印刷されているテスト用紙（A4もしくはA5判）を渡し，「鉛筆で，海の波の上に星空を描いてください」と教示するという，他の描画テストと同様，とてもシンプルなものである。星と波以外に書き添えるものがあっても，禁止はしない。ここでは星空と海の波がモチーフになっているわけだが，アヴェ・ラルマンによれば，バウムテストのように自然の風景描写が課題になっているような場合は，描かれた絵には本人が生活する環境における自分自身の体験や様態が反映されるが，星と波描画テストでは，自らの内面や外界をどのように体験しているかという，描き手の体験世界そのものが映し出されるという。確かに，'海の波'と'星空'ということから連想されるのは，暗い夜の闇にまたたく星明りと波のざわめきである。こうしたとりとめもなく漂う闇の空間と深海の世界は，日常的に経験しているかのような風景ではあるが，その実，日常生活とは遙かに

かけ離れていて，いかようにも空想を膨らませることのできる仮想の世界でもあり，人はそこに自己の存在を自分なりのやり方で位置づけようと試み，語ろうとするのかもしれない。

　解釈の手順としては，①絵の分類：図的，記号的であったり，感情がこもっている，あるいは象徴的に表現しているといった，教示に対する描き手の取り組み方，②空間構造の形式：表現空間に星や波といったアイテムがどれほど調和的に，あるいはアンバランスに配置されているか，③空間の象徴的な使い方：空ないし海が優位になっている空間象徴の使い方，右あるいは左空間の強調の程度，④アイテムによる象徴的表現：描き手により各アイテムに込められた象徴的意味，そして⑤筆跡の分析：描線の引き方と筆跡のタイプ，の5段階で行われる。ただ，これには客観性のある判断がむずかしいのではないかという問題がどうしてもつきまとうことは否めない。そこで，多くの実のある臨床経験が必要になることは当然であるが，セラピストからの適切なフィードバックをもとに，作品についてクライエントとの丹念な話し合いを積み重ねていくということが，このテストでは重視されている。

3．生活に密着した子どもの描画

　アートによる表現は，長い歴史から見ても，人間の生活と密接に結びついて発展してきたことは誰の目にも明らかである。それは民族を主体とする種々の生活形態，つまり言語や習慣，信仰，芸能といったものの中に脈々と息づいていて，今日まで受け継がれている。日本は美しい自然に囲まれた国である。四季はあたかも人の一生のように，春は生命の誕生，夏の躍動期から秋の成熟期を経て，やがて永久の眠りにつく冬を迎えるが，人は遥か昔からこの自然と調和し，ともに生きて，それが伝統や文化としてさまざまなものに反映され，また表現されている。

　子どもにとって遊びは，生活そのものである。遊びを通して仲間との関係を作り，さまざまな能力やスキルを獲得し，パーソナリティを形成していく。し

かも，これまで子どもが育ってきた社会や民族の風習や伝統も，遊びの中にうまく組み込まれていて，それらは子どもの遊びによって代々受け継がれていったりもする。

　そこで今度は，視線を子ども一人一人の遊びに向けてみたとき，今，その子は，自分の発達年齢に応じて獲得しつつあるあらゆる機能を使って遊ぼうとしていることがわかる。物が投げられるようになった子どもは，投げること自体が楽しみで，何でも投げては嬉しそうにしている。やがてクレヨンや鉛筆が握れるようになったら，今度はところかまわず描きなぐり，そのときの感触を楽しみ，偶然できあがった絵を眺めては満足している。こうした発達過程を経験しながら，子どもはたくさんの能力やスキルを獲得していくのであって，子どもの遊びを注意深く観察していれば，その子の気持ちや欲求，関心がわかるし，どのような能力を獲得しつつあるかという発達の水準を把握する手がかりも得られる。

　このように，子どもの活動が日常の生活と深く関連し，感情や欲求，興味，関心と強く結びついている以上，表現活動にもさまざまなかたちで現れる。たとえそれが現実ではあり得ないような表現だったとしても，それはその子の '心的事実' として肯定的に受けとめられるべきことである。

　ここでは，表現様式を描画に限定し，いくつかの国の子どもたちの表現の特徴を，彼らの生活環境や教育などとも関連づけて捉えてみることにする。もちろんこれは，サンプル数にも限界があるので，その国全体の子どもの描画の特徴を表わしているというものではない。

（1）遊牧生活と近代化の波：モンゴル

　'モンゴル' と聞いてすぐにイメージされるのは，広大な草原とそこでのんびり草を食む羊や馬の群れであろう。ところが，私たちが最初に調査に訪れたのは，民主化運動の高まりとともに新憲法が制定され，国名が「モンゴル人民共和国」から「モンゴル国」になり，新たな国づくりに向けて国中が躍動し始めている1990年代前半，変革期の真っただ中であった。首都ウランバートルには人口が集中し，自由市場経済に転換したばかりで，街は活気にあふれてい

Ⅱ．実践：こころを表現する　│　109

図Ⅱ－6　モンゴルの子どもの描画A

た。ただ，だからこそ，そこには厳しい競争原理が働いていて，短期間で莫大な収入を得る若者がいる反面，一家の担い手が事業に失敗して家族は歪み，以前より劣悪な生活環境に甘んじなければならなくなった人もでてきた。街にはアルコール中毒とストリート・チルドレンが以前より目立つようになったとも言われていた。激しい変化のうねりの中で，新たな可能性が生まれるとともに，また何かが確実に失われていくという状況であった。

　そうした中にあって，ウランバートル郊外で国が主催する小学生のサマーキャンプに参加させてもらうことができた。そこでは5年生を中心に41名に家族画「家族が皆で何かをしているところ」を描いてもらったが，これが想像以上に，当時のモンゴルの社会状況の一面を浮き彫りにする絵になっていたのである。中でも顕著だったのは，パソコンやリモコン付のテレビ，それにピアノ，オートバイ，自家用車と，家族の経済的な豊かさを象徴するようなものが家族画の7割以上で描かれていたこと。父親は居間のソファーに座ってリモコンでテレビを見ていたり，自慢の自家用トラクターで仕事場に出勤する。自分はパソコンでゲームを楽しみ，新しい自転車で登校しようとしている場面なども登場する。図Ⅱ－6は，将来の夢として自分が最新型のオートバイで街中や草原

を得意気に走っているところなのだが，アパートではその光景を母親が心配そうに見守ってくれている。

調査の場は，市街地から草原へと移った。穏やかな丘陵がどこまでも広がる大草原である。そこには羊，馬，ヤギ，牛，ヤク，ラクダなどを飼い，肥沃な牧草地を求めて季節ごとに移動しながら生活している家族がいる。彼らの住居は，羊毛からつくった白いフェルトで覆われたゲルと呼ばれる移動式のテントである。直径8mほどの円形で，中央にストーブが置かれているゲル

図Ⅱ-7
モンゴルの子どもの描画B

は，モンゴル人にとって外界（大宇宙）から分節された小宇宙を意味し，そこが民族・家族の文化やしきたりを伝承する重要な空間になっている。最奥部に仏壇を祀り，その左側に父親が座る。どこの家族も父親は寡黙で，厳しい顔つきで威厳をもってそこに座るが，私たち訪問者を心から歓迎してくれていることは伝わってくる。ゲルの扉が開いていれば，旅人は誰でも一服の憩いを求めて立ち寄ることができるのである。冬は零下30度にもなる過酷な自然で生きるとき，子どもの両親への信頼と尊敬は絶対であるが，親はそれに慈悲，つまり妥協のない厳しい躾と深い愛情をもって応えているのである。

こうした遊牧生活を送っている家族をまわって，30人ほどの子どもたちにも家族画を描いてもらった。たいていはあこがれの父親が主人公になっていて，馬に乗って仕事をしている場面だとか，子どものために歌を歌ってくれている光景，それに男性が相撲・競馬・弓射を競う年に一度のお祭り（ナーダム）にこれから正装して出かける父親などが描かれていた（図Ⅱ-7）。ここで一つ興味深いのは，母親をそれとわかるようにはっきり描いた絵はほとんど見当たらなかったということである。ただしこれは，子どもたちにとって母親の存在意義が薄いということを意味するものではない。母親はいつもそうした父子関係を，さらには家族そのものを背後から静かに包み込み，これを支え，育み，その成長を見守る存在として機能していることは，彼らの生活に接してみてし

みじみと感じさせられた。

（2）学校教育と子どもの描画：ネパール

　ネパールはまだ，経済的に恵まれた国であるとはいえないが，その歴史は古く，17世紀に建てられたような古い寺院は今でもあちこちに点在し，建築，絵画，彫刻，文学，舞踊などの優れた文化は大切に護られ，現在でも国民の生活に脈々と息づいている。30以上の民族からなるネパールは，地域によってそれぞれ独自の風習や生活習慣をもっているが，これらはその背景にあるヒンドゥー教や仏教，それに多くの土着の民族宗教とも密接に結びついている。

　またネパールには，いわゆる義務教育制度はないが，小学校は6歳から10歳までの5年間である。都会の小学校と地方や山間部では，学校の設備や教員数などにかなりの違いがあり，学校といっても校舎が足りずに天気の良い日は木陰での青空教室だったりするところもある。現在では，都市部の小学1年生の就学率は90％にまで向上したといわれているが，入学してもすぐにやめてしまったり，退学と再入学を繰り返す生徒もいる。その理由は，家族の経済状態が厳しく，家畜の世話や食事の支度，弟妹の子守にと，子どもも家族の労働力の大切な担い手になっていたりするためだが，これが特定の地域や階層に偏っているということも深刻な問題になっている。こうした社会状況を考慮すると，ある意味，小学5年生で通学できているのは，家庭的にはある程度恵まれた子どもたちということになる。

　首都カトマンドゥの中心部にある小学校の5年生58名に，統合型HTPをしてもらった。ここは公立の小学校ではあるが，経済的にはかなり恵まれた市民が暮らす地域にあり，全員がかわいい制服をきちんと着こなし，とても礼儀正しく統制がとれているという印象を受けた。公用語はネパール語なのだが，誰もが流暢な英語であいさつし，親しげに話しかけてくる。そして生徒が絵を描き始めたとき，ほぼ全員がカバンから定規を取り出し，線を引くのに使っている。半数以上の生徒は，まず定規で画用紙の四方を縁取りしてから描き始めているし，そうでない子も，家屋などの直線を描くときはことごとく定規を使って引いているのである。どうやらこれは，美術担当教員の「絵は，きちんと

112　｜　1章 こころを描く

図Ⅱ-8　ネパールの子どもの描画A

正確に描く」という徹底した教育方針と指導の現れのようである。ただし，定規を使えない樹木や人物の表現は，他の国の子どもと同じように，そのどれもがのびのびとしていてくったくがない（図Ⅱ-8）。

　もう一ヵ所，調査を行った地域は，カトマンドゥからバスで6時間ほど山岳地帯に入った人口300人足らずの小さな山村である。目もくらむような断崖絶壁の細い山道をバスはゆっくり注意深く走り，ようやくたどり着いたときには安堵感でため息をついてしまうような標高2000mの村であった。近くに発電所がある関係で，電気だけは通っている。小学校の教室は一部屋のみで，午前は1～3年生の1クラス，午後は4, 5年生の1クラスが1人の先生から授業を受ける。

　働き盛りの男性の多くは，外国などに長期間出稼ぎに行っているので，村にはお年寄りと女性，それに子どもの姿ばかりが目立つ。山の斜面を切り開いた土地に，わずかばかりの麦と野菜が植えられていて，自給自足の生活はかろうじてできるが，現金収入はほとんどない。

　4, 5年生12名にはやはり統合型HTPをお願いした。教室には生徒が共同で使う短い鉛筆が5, 6本あるだけで，画用紙やクレヨンなどはない。したが

図Ⅱ-9　ネパールの子どもの描画B

って，授業で絵を描いたり工作の時間は設けていないので，子どもたちが学校で絵や造形で自己表現する経験は皆無のようである。それでも，いったん画用紙と鉛筆を手にしたときの集中力は目を見張るものがあった。どの子も水を得た魚のように描画に熱中し，心の眼でみた世界を長い時間をかけて描き上げている。遠方にはヒマラヤの山々が連なり，大地にしっかり根づいた大樹のまわりで人々が野良仕事をしている風景を描いたのが全体の半数である。そして残りの半数は，都会に行けばいくらでも甘くて新鮮なものが食べられるのに，ここではまったく収穫できないマンゴーやバナナの木ばかりを，あこがれの気持ちを込めて描いていたのが印象的であった（図Ⅱ-9）。

（3）山間部の伝統文化に抱かれた子どもたち：ペルー

中南米にあるペルーの教育制度は，幼稚園，小学校，中学校，大学・各種専門学校の4区分からなっている。その内，義務教育は小学校6年と中学校5年の計11年間で，日本の9年と比べて2年長い。就学率は小学校で90％，中学校で70％程度だといわれている。学校は国立と私立が大部分で公立は少ない

ようである．授業は学校数の割には児童生徒の数が多いのと，地域によっては通学に時間がかかったり，家の手伝いをしなければならなかったりと，子どもの生活の利便性も考慮して，午前と午後の2部制，あるいはこれに夜間が加わり3部制になっている．

　訪ねたのは，かつてはインカ帝国の首都だったクスコから郊外に10数キロ離れた，アンデス高原の山々に囲まれた盆地にある小学校である．この学校はペルーにはよくある小学校と中学校が併設されていて，しかも2部制をとっているので生徒数はかなり多い．したがって，標高3000mの所にあっても，鉄筋校舎の大きさやグラウンドの広さは，日本の地方都市にあるような比較的規模の大きい小学校とほぼ一緒である．

　放課後，まだ学校に残っていた5年生23人が集まってくれたので，家族画をやってもらった．全員，カーキ色の制服を着ていて，登校するのに山道を徒歩で片道2時間近くかけて登校する子も多くいたりするが，皆，朗らかな顔をしていて元気そうである．家では畑や家畜の世話などの手伝いで忙しく，勉強に好きなだけ時間をかけるのはむずかしいという．この地域にはインカ帝国時

図Ⅱ-10　ペルーの子どもの描画

代の有名な文化遺産などが数多く残っていて，常時，海外からの観光客が大勢訪れている。ただし，学校は国道沿いにあるものの，そこを観光バスが頻繁に通り過ぎるだけで，子どもたちが実際に外国の人と接することはほとんどない。診療所の医師の話しでは，今，その地域で頻発している一番の懸案事項は，国道での子どもと車との接触事故だそうである。

　家族画はほぼ全員が，親は農作業や家畜の世話，それに炊事や洗濯をしたりしていて，子どもはその傍らで親の手伝いやサッカーをして遊んでいるといった風景を描いたものであった(図Ⅱ-10)。しかも，生徒に渡した描画の用具は，画用紙と鉛筆，それに消しゴムだけであったが，いつの間にかほとんどの子どもが教室に備えられているクレヨンや色鉛筆をもち出し，家族の日常生活をカラフルに彩っていたのである。しかも，子どもたちが好きでいつも歌っているその地方に伝わる童謡の合唱つきである。近代化が進む都市部の生活とはかけ離れていて，けっしてすべてが満たされているわけではないが，長い伝統文化に抱かれていることに誇りをもち，日々つつましやかに，そして陽気に過ごしている子どもたちの生活ぶりが伝わってくる描画であった。

(4) 幸せの国の子どもたち：ブータン

　「幸せの国」として知られるブータン，中国とインドにはさまれ，国土は九州とほぼ同じ面積で，人口は約70万人。国家予算の4割近くが外国からの援助に頼っている，まだ発展途上の国ではある。小学校は7歳からの6年制で，基本的に学費は無料のようであるが，義務教育ではない。したがって，就学率を改善させるために，都市と農村部の収入の格差の是正や学校の増設など，さまざまな対策がとられている。学校の制服はすべてブータンの民族衣装である色鮮やかなゴ・キラ，つまり日本の丹前に似た着物が男性用のゴ，それに長方形の布を留め具で身体に巻きつけて着る女性用の巻衣のキラである。国民には民族衣装の着用義務があり，公の場では必ず民族衣装を着なければならないことになっている。

　今回調査を実施したのは，首都ティンプーの外れにある生徒数は200人ほどと少ない，ごくふつうの小学校である。教室からは子どもたちの元気な声があ

ふれてくるし，顔を合わせると明るく人懐こい表情で，礼儀正しく英語であいさつをしてくれる。学校教育が国語のゾンガ（ブータンの国語）以外は英語で行われるということもあって，低学年の児童でも英語を流暢に使いこなしている。そうした中で，小学3，4年生を中心に31人の児童に家族画を描いてもらった。1970年代から「国民総幸福（GNH）」という理念を国造りの基本に置き，80年代中ごろにはその中でも特に教育を重視する政策がとられるようになり，効果は徐々に子どもたちの勉強や生活面にも現れるようになっている。このGNHを核とした教育目標とは，自国と自然を愛し，国の伝統的価値や文化を学んで理解するとともに，公平感や一体感を育んでいくということにでもなろうが，その精神は子どもたちの心に浸透していることは描かれた絵から覗うことができる。

　小学校低学年の児童の絵なので，家族全体の在り様を心に浮かべ，それを統合して一つの空間に表現していくというのはまだむずかしく，思いついたことを一つ一つ並列的に描いているといった傾向が全体的に顕著である。そこには庭でブランコやすべり台で遊んでいる光景，花壇の花に水をやったり，犬と戯れているといった姿が多く描かれていた。

　そして，その中で特に目を引いたのは，ブータンの国旗と大きな仏壇である。中央に手足に富を象徴する宝石が握られている雷龍が配置されている国旗は，背景が2つの色に分けられていて，黄色は現実の君主政治を，オレンジは仏教を表わしているという。家族画にこの国旗をあえて描き加えたのは，全体の6割を超え

図Ⅱ-11　ブータンの子どもの描画

ていて，しかも家屋の外観を描いた子どもは，ほぼ全員がその横に国旗を掲げているのである。もう一つの仏壇は，実際に私たちがふつうの家庭を訪問しているときも必ず仏間に通され，幅2mを超えるような大きな仏壇と対面していたので，ある程度予測はしていたが，国民の誰もがチベット仏教を深く信仰し，心の支えにしていることがよく理解できる（図Ⅱ-11）。

2章　こころを形づくる

1．造形

　多くの人が，円空仏に心惹かれるのはなぜであろうか。江戸，元禄時代に円空は，全国各地を旅し，独特の作風をもった木彫りの仏像を12万体も彫ったといわれている。その芸術的に高く評価される簡素化された形態，あたかも鉈一丁で刻み込まれたような野性味あふれる素彫りの仏像は，そのどれもが不思議な微笑みを浮かべている。真っ直ぐに育った木の本姓に背くことなく，その生命力を引き出し，そこに自らの魂を注ぎ込んだ仏像。いつも身近にいてくれるようでいて，なぜか存在感あふれる円空の造形物は，誰の心にも救いと平安をもたらしてくれる。

　「造形」を，さまざまなものを媒介に形あるものを作りだすこと，とするならば，絵画や彫刻，陶芸はもとより，演劇，舞踏，音楽といった芸術のジャンルでも造形のあり方は大切なものとして考えられている。したがって，アートセラピーの領域でも，かなり幅の広い表現がこれに含まれることになるが，やはり心理臨床の場で多く実践されていて，しかも手作業で作品を造りあげるといったニュアンスの強い造形活動としては，描画の他に，陶芸や箱庭，コラージュといったものが思い浮かぶであろう。そこでここでは，これらを中心に取り上げてみることにする。

(1) 陶芸・粘土細工

　陶芸にせよ，粘土細工にせよ，両方に共通するのは，粘土をこねるところから始まるということである。粘土をこねるというような行為は，まさに子どもの頃の泥んこ遊びそのものであって，土を素材とした原始的な感覚は退行を起こさせやすい。粘土をこねまわしたり，ちぎったり，叩きつけたり，穴を開けたりと，怒りやイライラの感情を表出させることも比較的容易で，しかも，いくら素材をバラバラに壊そうとしても，そう簡単に壊れることはなく，あくまでも形だけは残されるので，不安が高かったり自我の弱い人にとって，これは，安全弁として機能するのである。

　粘土はやわらかくて，細工が可能である。両手の中で粘土を生きた動物にも，かわいい花にもすることができる。他の人にはそれが何なのかわからなくてもいいし，現実に存在しないものでもいい。こうして造られた作品は，立体的なイメージの表出という，絵画などとはまた違った表現の可能性をもっていて，誰が見ても簡単に把握でき，お互いに感想を述べ合ったりできる。こうした利点もあって，心理臨床はもとより，高齢者デイサービスや介護施設，身体障害や児童養護施設など，かなり幅広い現場で作業療法やリクレーション活動の一環としても行われている。

① 作陶過程

　陶器を造っていく作業が，描画などとはっきり違う点は，作陶にとりかかってから一つの作品として完成させるまでにかなりの時間を要するということである。ふつう，短く見積もっても一ヵ月，あるいはそれ以上かかるもので，その間に，どんな陶器を造ろうか思案し，いろいろ調べたり，人に聞いたりもするであろう。完成したら完成したらで，これまで同じ目的で，同じような作業をしてきた仲間や指導者と作品について心を開いて率直に感想を述べ合ったり，アドバイスを受けたりもできる。つまり造り手は，自分の作品と，さらには陶器を造っている自分自身と正面から向き合っている時間がかなりもてるのであって，それだけその体験を通して新たな気づきや発見に恵まれる機会があ

るということである。

　作陶過程は，①土練り，②形作り，③素焼き，④釉薬かけ，絵付け，⑤本焼き，と主に5つの行程に分けられる。まずはどんな陶器を造るかの検討から始まるが，用途や形，色を考えるとイメージはどんどん膨らんでいく。初心者は本で調べたり，人に相談することになるが，これから自分たちがすることの目的がはっきりしているので，人見知りの人でも他人に聞きやすいし，アドバイスする側も気軽に応答できる。土練り（菊練り）は単なる土いじりとは違って，脳機能の賦活や運動機能回復など，いわゆる機能回復訓練としての役割を担うこともあるほどで，それなりの根気と体力が必要とされる。「焼いたとき割れないように，土の中の空気を抜き，耳たぶの固さで均一になるようしっかり練りましょう」と，土練りの意味や目標を具体的に聞かされたりすると，自然と熱中したりするものである。

　成形，いわゆる形づくりは，ろくろを使うか手びねりでいくかなど，その具体的な方法は本人の判断に任される。たとえば，茶碗を造っていて形が歪んでしまったり，気に入らなければ，それを丸めてまた最初から造り直せばよいだけのことである。粘土とは，失敗を恐れずに納得するまで何度でもチャレンジできるという素材なのである。そして，形ができてから粘土が自然乾燥するまでには，さらに1～2週間はかかる。そこで粘土が固まるまでに，型押しして模様をつけたり，高台（器の底）を削ったりして形を整える作業が入る。いろいろなアイデアが浮かぶのであろうか，時間外にやってきては，形を少し変えようといじってみたり，いとおしそうに表面を紙やすりで滑らかに磨いたりしている光景をしばしば目にしたりする。こうして時期がくれば，作品を窯に入れて素焼きする。

　素焼きした粘土は，いよいよ釉薬をつけるという段階に進む。釉薬には色だけではなく，焼きあがったときの質感など，選定には多種多様なバラエティが考えられるが，これに加えて塗り方も，絵具のように浅く塗ることも，釉薬が素焼きした粘土の表面に溜まるくらい厚く塗るといった工夫も可能である。これを乾燥させてから本焼きとなり，電気窯でも1200°C～1300°Cで12時間以上かけて焼き上げる。この一連の行程では，あくまでも一人で作陶するつもりでも，どうしても人の手を借りなければならなくなったり，複数でやったほう

が効率的であったりするので，実際には単独作業と集団作業とを協調させながら，これを適度に組み合わせてスケジュールを進展させていく場合がほとんどである。

図Ⅱ-12は，ある精神科のデイケアで男性が作った陶器である。完成当時は「これが自分で造った陶器」という実感と満足感があり，何年かは棚の上に飾っ

図Ⅱ-12　陶器：茶碗

て眺めていたようである。立体的な創造物として現に自分の目の前に常時存在しているので，その感じはとてもリアリティがあったものと想像できる。やがて「これは使ってこそ価値がある」と思うようになってからは，食事のときにおかずを盛る器として重宝していたようである。いつか，何かにぶつけて淵を少し欠いてからは，愛猫のエサ皿として使っているが，これまでの約20年間，「自分が造った自分の陶器」という感慨は一度たりとも薄れたことはなく，これを眺めていると，今でも当時の自分の心の在り様が鮮明に浮かび上がってくるという。

（2）形づくるということ

　もし，個人の内的イメージに焦点を当て，まずそれを粘土などを媒体に身体を使って立体的なもとして形づくり，外在化できたならば，その創造活動がその作品に対するその後のイメージ展開にいかなる影響を及ぼすことが考えられようか。つまり，心に想起されているイメージを味わい，これを造形活動によって表現してみるという'創造的体験'を導入することにより，イメージ過程は活性化され，その内容に対する自己帰属感やリアリティ感はずっと増幅されてイメージは進展していくのではないかということである。

　神田（2013）は'自己または自己の分身をイメージしてみる'という課題イメージを与え，それを粘土で表現するという造形体験がいかなる治療的意味や効果をもたらすかについて，これを大学生を対象にした体験学習によって検討

している。まず学生（100名）はこの課題イメージを浮かべ，それを紙粘土で表現するという課題に取り組んだ。たいていは15～20分で完成させていて，つぎには再び閉眼し，先ほど作成した自己および自己の分身を意識してイメージに入ってもらう。その後は自然に浮かんでくるイメージをそのまま受けとめ，その流れや展開にまかせてしばらく眺めているように教示している。やがてイメージ展開が一段落したり，動きがなくなったら自分の判断で眼を開け，イメージ過程全体を通しての体験を把握する「イメージ体験尺度」と，自己および自己の分身についてのイメージ体験を捉える「自己イメージ体験尺度」に評定するように求めた。もし，イメージ体験の中でとりわけ印象に残っていたり，描画で表現してみたい内容があれば，それはクレヨンで自由に表現してもらった。

一方，これに対する統制群としての意味をもつもう一つのグループ（126名）には，課題イメージからそのままイメージの流れに任せ，その体験を同じ尺度に評定してもらっている。すなわちこちらは，紙粘土による造形作業だけを省いたグループということになる。

その結果，両群のイメージ体験を比較してみると，まず「イメージ体験尺度」についてであるが，この尺度は'自己帰属感'と'ダイナミックな動きの感受'の2因子から構成されていて，そのいずれもが紙粘土を作成したグループの得点が有意に高い（$p<.01$）ことが明らかになった。すなわち，イメージ導入前に紙粘土で自己や自己の分身を造ったグループのほうが，そのイメージ体験を自分の内面の深層に根ざしたものであると認識し，イメージの自然でダイナミックな流れや展開に身をまかせていられたということを実感していることになる。自己に焦点を当てた紙粘土による造形活動の導入は，その後のイメージ体験を深化させ，内的世界のダイナミズムの感受や自己に対する親和化を促進させるように機能していたのは明らかである。

この傾向はある意味予測されたことではあるが，イメージ過程における自己に関する体験である「自己イメージ尺度」では1点，興味ある特徴が見出されている。それは，ここでもやはり紙粘土作成グループのほうが，総じて自己の内面を反映した深いイメージ体験になっていることは変わりないが（図Ⅱ－13），「②イメージの中で行動する自分を観察するように見ていることが多かっ

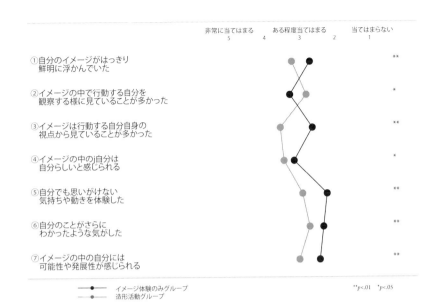

図Ⅱ-13　自己イメージ体験尺度のグループ間の比較（5件法）

た」の項目だけが逆に，イメージ体験のみのグループのほうが有意に高い得点になっている（p<.05）。これはそのつぎの項目「③イメージは行動する自分自身の視点から見ていることが多かった」と，イメージ体験に関して表と裏の関係にあるので，両項目は一対として検討する必要がある。すなわち，項目②では，「演劇クラブの練習で，役になりきって演技している自分がいる」といったように，イメージに登場する自分を観察者的な立場から見ている姿勢の傾向を捉えようとしている項目である。これに対して項目③は，「自分が猫になって日向ぼっこをしながら，街の人の生活ぶりをのんびり眺めている」といった例からもわかるように，イメージを体験する主体はあくまでも自分自身にあり，自分が見ている，聞いている，行動している，考えている，感じているというように，さまざまな体験の主体感覚がどれほど機能しているかを捉える項目ということができる。したがって，造形活動を導入したグループがイメージ体験のみのグループと比べ，項目②では平均得点が有意に低く，反対に項目③では有意に高かったということは，それだけ心の深い層に流れている生命力あふれ

るイメージを主体感覚をもって体験していたということが推測できる。心理療法においてクライエントのこのような体験は，治療的改善を着実に促進し，定着させるための大切なポイントになると考えられる。

図Ⅱ-14　分身：まゆ玉

因みに，紙粘土による造形作品の例であるが，図Ⅱ-14は自己のイメージとして，大きな貝殻に包まれた'まゆ玉'に守られている自分を表現している。そしてそのイメージ展開は，「傷つきやすく臆病な自分だが，まゆ玉に守られながら，その中で外の動きや人の会話，出来事をいろいろ感じとっている。まゆ玉だから外の雰囲気はストレートに伝わってくるのだが，安心感はある」といったものであった。また図Ⅱ-15は，静かに大地に立ち，祈っている女性である。自分は人や自然，動物など，こうしたイメージの中でなら，あらゆるものと確かにつながってという

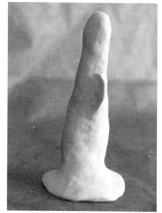

図Ⅱ-15　分身：祈る人

感覚がもてるという。そしてその感覚があるからこそ，現実でも皆と楽しく会話したり，一緒に行動したり，ときには一人になっても平安な気持ちでそこにいられるという。

もちろん，こうした造形活動を行うことで，誰もが主体感覚を伴った深いイメージ体験を経験しているというわけではない。そこでこれを確かめる目的で，紙粘土作成グループのイメージ体験の様態をその特徴から類型化するために，「イメージ体験尺度」の各項目の得点を変数（18項目）としてクラスター分析（非階層法）を行い，その結果，3クラスターを抽出した。それは，「自己帰属感」と「ダイナミックな動きの感受」の因子得点がともに高く，微妙な感情や観念，身体感覚も敏感に感じ取りながらイメージしていたいわゆる《体験親和型：46名》と，その反対に，イメージとの体験的距離が一定に保たれている《体験距離型：26名》，これに「イメージ体験尺度」のプロフィールが両群の中間

に位置している《中間型：28名》が加わった3グループである。そして，自己のイメージは鮮明で，自分が体験の主体としての感覚をはっきりもちながら行動していたり，感じたりしているイメージ展開をしている人は，《体験親和型》にかなり多く認められたことはいうまでもない。

2．箱庭

　1968年，河合隼雄によってわが国に導入されて以来，箱庭療法はめざましい発展をとげている。心理臨床の関連施設で，箱庭療法の用具を備えていないところは無いとさえ言えるほどである。セラピストなら誰でも，治療に箱庭を導入した経験をもつであろうから，箱庭療法の基本原理と具体的な技法については専門書にゆずる。

　内法 57 × 72 × 7 cm という枠で囲まれた砂箱は，まさしく'保護された自由な表現空間'である。箱の枠によって空間が囲まれているということは，クライエントの表現を制限することでもあるが，同時にそれは，空間を護るという機能ももっているわけで，それだけ内的世界やイメージはそっくりそのまま投映されやすく，引き出されやすい。砂をこねたりミニチュア玩具に触れるだけでも，これらは人の心をゆるませ，適度の治療的退行が誘発されやすくなる。人が自分の心の奥底と深いかかわりをもとうとするとき，かなりのエネルギーを注ぎ込まなければならなくなるが，この自然な退行は，クライエントの内的エネルギーを活性化し，やがてそれが箱庭によるイメージ表現となって具現化される。

　また，クライエントとセラピストの間に箱庭が存在するということは，両者の間で生ずる緊張をいくぶん中和させるように働くので，ほどよい距離を維持するには双方にとって好都合である。そしてこのセラピストの存在も，当然のことながらクライエントの表現を左右する重要な役割を担っている。傍らで見守ってくれているセラピストが違うだけでも，クライエントが箱庭で表現する作品の内容や次元までもが変わってしまう。箱庭作品は確かにそのクライエン

ト個人の内的世界の表現なのだが，実際にはクライエントとセラピストの相互のかかわりから協同作業によって作り上げられたものと言える。この過程でセラピストは，基本的には解釈はしない。ただクライエントに寄り添いながら想像力を働かせてその作品に入り込み，作り手の世界そのものを深く感じとっていこうとするだけである。クライエントの内的イメージは，最初はたいてい曖昧な状態から始まり，それが作品を作ったりセラピストとのかかわりを通してしだいにまとまりをもつようになる。その過程でセラピストが解釈をすることは，この自然な流れをそこなう恐れがあるからである。クライエントは自分の心の動きや流れにしたがって砂の中にミニチュアを配置していくのだが，同時に，なぜこれを置いたのか，どうしてそうしたのか，そのことを自覚的に把握しようとする意識的な作業もしている。これに対してセラピストも，全体的なまとまりや空間配置，それにテーマなどを念頭に置きながら，砂とミニチュアによって三次元的に創出された箱庭を多方面から味わう。

　ここでもう一つ，砂や箱以外に，箱庭に特有な治療的要因としてミニチュア玩具のもつ特性についても触れる必要があろう。ミニチュア玩具はふつう，既成のできあがった形態をしているが，その一つ一つがもつ象徴的意味は個人によってさまざまで，それがそれぞれに私たちの内的イメージに働きかけてくる。そして，それらが組み合わさることで，そこにはさらに新たな意味世界が展開され，その種類は千差万別である。箱庭では，この既成のミニチュア玩具を使用するのが基本であるが，事例によっては，自分の気持ちやイメージにそったミニチュアを粘土などで新たに作り，これも加えることでさらに自己表現の可能性の幅を広くしようとするなど，箱庭のもつ特性を効果的に活用した応用的技法もいくつか試みられている。

（1）認知物語療法

　箱庭作成の過程には，さまざまな要素が含まれているが，その中で'ストーリー性'も主要な要素の一つであろう。砂箱にミニチュアを一つ一つ置いているとき，それは単にイメージに浮かんだものを一対一の対応として配置しているわけではない。作成者の心にはすでに，つぎからつぎに湧いてくる豊かなイ

メージの世界が息づいているのであって，そこから一つのストーリーが生成され，このストーリー展開の中で箱庭は作られていくのである。こうしたことから，箱庭に'認知−物語アプローチ'を導入することで，作成者が抱えている心理的課題をより効果的に抽出し，その達成を促進させることを目指して開発されたのが大前（2010）の認知物語療法である。

具体的には，導入としてまず箱庭を作成してもらう。そしてその作品を一緒に眺め，味わいながら感想などを話し合う。ここまでは通常の箱庭と同じである。つぎに作成者には，自身で自分の心理的課題を引き出し，意識化しやすくするために認知−物語アプローチの6段階の質問がなされることになる。その6段階の質問とは，

〔①主人公の同定と物語〕……この箱庭の主人公を同定し，この箱庭で展開されている主人公の物語を詳しく語ってもらう。

〔②主人公の感覚の探究〕……自分が主人公になってみて，どんな世界が見えているか，またどんな音や臭いや味，それに身体感覚などを体験しているか。

〔③主人公の感情の探究〕……主人公はどんな感情を抱いているか。嬉しかったことや悲しかったことなど，喜怒哀楽を中心に話してもらう。

〔④主人公の思考と認知の探究〕……主人公にさまざまな感情が心に浮かんだとき，どのようなことを思っているかを尋ねる。

〔⑤主人公の心理的課題と，箱庭作品と現実生活との関連の探究〕……箱庭作品にタイトルをつけてもらい，主人公の心理的課題は何か，また，主人公がこの世界で体験していることと，作成者が現実世界で体験していることとの間に，共通性や類似性があるかを尋ねる。

〔⑥作成者の心理的課題の検討〕……⑤の内容を参考に，今度は作成者自身の心理的課題を設定してもらい，その課題の現在の達成度を5点満点で評価してもらう。

これを原則として10セッション行うことになるが，各セッションの終わりには，前回までの心理的課題の一覧表を示し，現在までの達成度をこれも5点満点で評価してもらう。また，6ヵ月後にはフォローアップをすることになっている。

この認知物語療法では，箱庭作品で展開されている物語をまずは主人公を中

心にして語らせている。箱庭の世界に主人公を設定するということには，自分自身とは適度の距離を保ちながら物語を言語化することができるという利点がある。そしてつぎには主人公の感情や認知といった体験世界にも焦点を当て，これを推測して語ってもらうという展開から主人公の心理的課題を設定してもらっている。さらにはこの主人公の課題を媒体にして，今度は主人公と作成者自身の共通性や類似点を意識しながら，自分自身の心理的課題にも言及してもらっているのである。

　この一連の展開には，無理のない自然なプロセスが期待できるので，それだけ作成者は，現実とのつながりをもった実行可能な心理的課題を認識し，自分に設定することができるようになると考えられている。これを認知療法の観点から捉えるならば，あえて「ネガティブな自動思考やスキーマを明らかにしなくても，適応的スキーマを発見・強化できる可能性」があり，「箱庭をつくるたびに心理的課題を考えることは，適応的スキーマの活性化または発見，強化とほぼ同等のものである」と大前も述べているように，認知物語療法によって，これまで身につけていた経験や行動を組織化する認知的構造，つまりスキーマを適応的なものへと修正し，さらにこれを内実化させることができるようになるということである。

（2）家族イメージ配置法

　家族の関係構造や家族イメージを捉える有効な心理アセスメント法はこれまでにも数多く開発されている。Family SystemTest：FAST（Gehring, T. M., 1993）や家族関係単純図式投影法（水島，1981），家族イメージ法：FIT（亀口，2003）などはその代表的なもので，これらはいずれも個々の家族成員が自分の家族にどのような視覚的イメージを抱いているかを投映法的に把握しようとするものである。胡（2013）は筆者（神田）と共同で，これら家族アセスメント法を参考にしながらも独自に「家族イメージシステム法」を考案し，日本と中国の青年を対象に調査している。それは'私の家族'をテーマに，あらかじめ用意されていた人や動物など，23個の箱庭のミニチュアを家族成員を象徴するコマに見立て，これを家族の枠を意味する楕円（長径38cm，短径35cm）

の中に自由に配置してもらうというものである。結果として最も特徴的だったのが，中国の青年が抱いている家族は'拡大家族'であって，実際に同居している家族成員数の平均は日本と中国で差はないにもかかわらず，'私の家族'をイメージしたとき中国の青年は叔父や叔母といった親戚，さらには隣人や友人までも登場させ，使用したコマの数は平均で 8.8 個と，日本の青年の 5.5 個よりはるかに多かった（$t=16.26, p<.01$）。

　この研究の過程で調査協力者からは，このアセスメント法を心理臨床における治療技法の一つとして効果的に活用できるよう改善するための示唆に富む意見が多く寄せられた。その一つは，作成した家族イメージの作品を眺め，吟味しながら説明しているうちに，その家族イメージは自然に動きだして随時変化していき，作品完成時よりも家族をより実感をもって感じられるようになった，というものである。また，家族イメージの表現がミニチュアの種類や形状に規定されやすい側面もあるので，種類をさらに増やしたり，抽象度の高いコマや素材が多くそろっていれば，表現はより自然に，そしてより自由になったと思う，という意見も少なくない。そしてもう一つは，この家族イメージを何回か繰り返して表現することで，家族を現実やファンタジーというように異なった次元から体験できるし，日常とは違った視点で多面的に捉え直してみることも可能になるのでは，という指摘もあった。そこで，こうした貴重な意見を参考に改正し，新たに「家族イメージ配置法」として青年を対象に調査を行っている（胡，2015）。

　調査を実施した部屋は，いわゆる相談所で箱庭のセットが常設されている面接室である。人物のコマは，年齢，職業，人種など多種多様なものが約 50 個備えられている。動物や植物の種類も豊富で，両方を合わせると 90 個以上が棚に並べられている。その他，家や車，橋，トンネル，ベンチ，それに各種の遊具など，バラエティーに富んだ種類のものがこれも 60 個ほど用意されている。「あなたの家族のことを心の中でイメージし，それを箱庭で自由に表現してください」と教示し作成してもらうのであるが，作品完成後は，主につぎの 4 点について半構造化面接を行っている。

　①配置したコマは，それぞれ家族の誰を表わしていますか。
　②この家族の箱庭にタイトルをつけ，内容を説明してください。

③ここで展開されている家族関係は主にどのようなものですか．

④この作品を作成していて，あるいは今内容を説明していて，家族やご自身について新たに気づいたこと，課題だと思ったことはありますか．

対象者は全員で12名，これを1人，1〜2週間の間隔で計10回連続して行っている．家族イメージの箱庭を複数回にわたって作ってもらうのは，ただ一つの作品から一方的な評価や解釈をするのではなく，作品をシリーズとして見ていくことで，その一連の流れの中にあるテーマを読み取っていくことにも大切な意味があると考えるからである．

すべての調査終了後，12人×10回=120セッションを1セッションずつブラインドでランダムに抽出し，（A）展開される家族のテーマ・関係性，（B）家族成員を表わすコマの種類，（C）家族や自身に関する気づき・課題，という3つの観点について，2人の調査者が別個に要約してカードに記入し，意見が異なる箇所については後で協議して調整している．

結果について，まず（A）家族のテーマ・関係性，に関しては，家族の出来事の回想や現状の再現といった，現実レベルの事柄がモチーフになっているのが全体の6割を占め，イメージ上の家族，ヴィジョンといった仮想の家族をモチーフにしたのは4割と少ない．そこでさらに前半3回と後半の3回の出現率を比較してみると，前半では現実レベルの家族が75%，仮想レベルの家族が25%であったものが，後半では両カテゴリーとも50%と出現率は相半ばしていて，仮想レベルの家族が後半には増えていることがわかる．因みに，10回すべてで同じカテゴリーのモチーフを扱っていた人はいない．

次に（B）家族成員を表わすコマの種類，については，同じ参加者でも，現実レベルの家族がモチーフになっているときは一般的な人形を用いる傾向にあり，これが家族の未来や理想像など，抽象度の高いイメージ上の家族がモチーフになると動物や怪獣，お姫様，宇宙人といったように，その対象にさまざまなイメージの要素を織り込められるような多様性や多義性を備えたコマを使用する傾向が顕著になっている．同様に，テーマと正面から向き合うにはまだ躊躇してしまうような場合，自分たちを動物や他のものに置き換えて，その状況を間接的に体験しようとしている場面もみられる．

図Ⅱ-16は初回のセッションでの家族イメージの箱庭である．登場人物は

Ⅱ．実践：こころを表現する　| 131

図Ⅱ-16　家族イメージの箱庭：初回（提供：胡 実）

図Ⅱ-17　家族イメージの箱庭：9回目（提供：胡 実）

全員が人形で表わされている。タイトルは'晩ご飯'。「両親と自分の3人で食卓を囲んで晩ご飯を食べている，いつもの風景」「皆はテレビを見ている。母は自分には厳しいけど，何かと気にかけてくれる。父は無口な人だけど，幼い時から僕を甘やかしてくれた」と語り，家族の日常を表現している。また，家族の課題としては「両親の健康」をあげている。「親はもう年だし，自分には介護の自信がないし，経済的にも余裕がないから」と，心配している。その後のセッションでは，幼い頃の'家族旅行'や'父親とミニ四駆で遊んだ思い出'，

それに親戚も加わった'拡大家族の光景'といったテーマが繰り広げられ，9回目のセッションでの家族箱庭が図Ⅱ-17である。タイトルは'牛に育てられたライオン'で，両親は2頭の牛に，自分はライオンに見立てている。「牛（親）たちはライオンを暖かく見守っているけれど，ライオンの動きを抑えようともしている感じ。牛たちはライオンに牛らしく生きて欲しいと思っている。ライオンは最近になってそのことにはっきりと気づき始めた。これを自覚すると，結局は牛の期待に反することになるので，牛を傷つけてしまうかもしれない。でも，やはりライオンはライオンらしく生きていくことを選ぶと思う」というストーリーを語っている。このときに課題としてあがっていたのが，「ライオンらしく」であった。

　もう一つが（C）家族や自身に関する気づき・課題，に関する分析である。そこで，参加者から報告された内容が「家や親からの自立，家族ともっとコミュニケーションをとること」といった，主に'自己'について語られたものか，あるいは「家族がもう少し適切な距離が取れるようになること」のように'家族'に関する事柄かということで分けてみると，全体としては'自己'も'家族'も5割程度で差はなかった。ただし，イメージ上の家族やヴィジョンなど仮想の家族がモチーフになっている場合は，課題や気づきは'家族'そのものではなく，家族の一員としての'自己'に焦点化して語られる傾向がはっきりと認められている。また，参加者が青年であったためか，青年期には避けて通れない「家族や親からの分離・独立」のテーマは，全員がどこかで必ず1回は取り上げている。

　このように，箱庭という表現媒体は，刻一刻と変化していく家族のイメージを捉えるといったことにも柔軟に対応でき，しかもこれを多面的，多次元的に表現していくことを可能にしている素材であると考えられるので，これからもさらなる効果的な活用が期待できる。

3. コラージュ

　コラージュ（collage）はフランス語で'糊づけ'を意味することからもわかるように，新聞，雑誌，カタログ，パンフレットなど，既成の材料をハサミで自由に切り抜き，台紙に貼りつけて一つの作品にするというものである。どこでも，きわめて簡単に導入できる方法であるため，その適応範囲は広く，幼児から高齢者まで可能であるし，個人や集団の心理療法としてばかりでなく，健康な人たちの自己啓発や自己理解のための道具としても使用されている。台紙はA3でもB3でも，状況に合わせて任意に選択すればよい。人によっては，一部分を描線などでつけ加えたくなったりするので，クレヨンや色鉛筆なども用意しておく。切り抜きの材料となるものは，人物や動物，植物，風景，建物，乗り物，それに食べ物や衣裳，装飾品など，あらゆる領域から多種多様な種類のものが必要となる。

　わが国のコラージュ療法は，箱庭療法の治療構造を基礎にして発展してきたとも言える。砂箱やミニチュアの代わりに，雑誌などからの切り抜きと台紙が使われ，そうした既成のイメージを台紙に貼りつけることで，内的な世界を表現していくのである。このようにコラージュの一番の特徴は，何もない白紙の状態から自分で制作していくのではなく，すでに他者が作ったものを借りて，自分のイメージの世界を創造していくというところにある。たとえば，雑誌に載っている写真は，編集者や制作者がある目的や意図をもってそれを選び，構成しているわけだが，今度はそれを自分の意思や感性で切り抜いていくという，そこにはある意味'既成のものを自分で壊す'という行為が含まれる。そして，この切り抜きを集めてあれこれ模索しながら組み合わせている中で，さまざまな連想が賦活され，やがてそこには作り手独自の新しい世界が誕生することになる。

　このように，コラージュの取りかかりは誰にとっても容易なわけだが，できあがった作品の理解や解釈は思いのほかむずかしい。作り手の気持ちに添って，コラージュ制作の流れをどのように理解し，いかに共感していくかに充分な配

慮がはらわれないと，切り取られた切片の一つ一つに対するセラピストの個人的な印象や解釈が先行してしまい，多角的な視点から全体を捉えるというアプローチがおろそかになるという危険性が指摘されている。

　コラージュ療法の主な技法には，コラージュ・ボックス方式とマガジン・ピクチャー・コラージュ方式と呼ばれるものがある。あらかじめセラピストが，クライエントの年代や性別，性格特徴などに合わせて材料を切り抜いて箱に入れておくのがコラージュ・ボックス方式である。場合によっては，メッセージ性のある標語やキャッチフレーズの文字を入れるのも一案だし，刺激的で危険なイメージを喚起させるようなものは除くこともできる。こうすることで，クライエントの制作時間を短縮させることができるし，セラピストが用意してくれた材料から選べばよいので，幼い子どもやコラージュにあまり意欲のもてない人にも導入しやすい。ただ，セラピストがどのような材料を選んで準備しておくか，その内容によってはクライエントの表現が制限を受けることがあるし，集団で実施するようなときは，あらかじめかなりの数の切り抜きを用意しておく必要がある。

　一方，マガジン・ピクチャー・コラージュ方式というのは，クライエントが自分で持参したり，あらかじめ置かれている雑誌などをめくりながら材料を探し，イメージに合ったところを好きな形に切り抜いて，貼りつけていくという方法である。それだけ選択の幅は広くなるので，どれにしようか，雑誌やパンフレットをただ眺めているだけでもイメージは活性化され，つぎつぎと発展していくので，本人にとっても思いがけない作品が生まれたりする。ただ，その展開をコラージュとしてうまくまとめられないために，作品としては未完成のまま終わらせてしまったり，途中から機械的に貼りつけだけをし，無理につじつまを合わせてしまおうとすることもありうる。

　4歳の息子と二人暮らし。母親は生活を維持するため，毎日仕事に追われていて，子どもと接する時間が思うようにもてないことをとても気にかけていた。保育所に預ける時間が長くなればなるほど，迎えに行ったときの息子の安堵したような，でもどこか魂が抜けてしまっているような顔が気がかりでならなかった。そんなとき，目を頻繁にまばたきするチックがでるようになってしまった。保母からは，「心配することはない。楽しく遊んでいるときはでないし，

母親が気にすれば余計意識してしまう」と言われるが，わかっていても注意が向いてしまう。そんなわが子の姿を見るにつけ，「私が息子をこんなに苦しめてしまっている」と自責の念に悩むが，ときに「私だって毎日一人で苦労しているんだ，とても淋しい」という思いも強く抱いたりして，沈うつな気分からしだいに無気力な生活が繰り返されるようになっていた。

　箱庭のセットには少し圧倒される感じをもったようであるが，コラージュは「子どもの頃の貼り絵と同じですね」と抵抗感や警戒心はほとんどなかったようである。これを契機に，コラージュを何度か繰り返すようになってあるとき，母親はある特徴的な作品（図Ⅱ－18）を作った。これは「いつまでも自分を責めたり，悲しんでいても仕方ないし，少しでも穏やかな気分でいられるようにならなければ」と思えるようになったときの作品で，親子とかわいがっているペットの仔犬，それに庭には花がさいていて，平凡でも幸せな時間がゆったり流れているような家庭を描きたかったという。そして，「大好きな自然や暖かな家族が住む家々に'包まれている''守られている'という感じをもっともっと感じていたかった」ので，自然や家はあえて立たせた立体的なコラージュを作っている。

図Ⅱ－18　立体のコラージュ

3章　こころを詠う

1．詩歌がもつ力

　青年は誰しも，一時期'詩人'になる。混沌とした複雑な思いを巡らせ，とりとめのない世界に身を置いていると，突然心の深淵から独特のリズムを伴って思いもかけないことばがつぎつぎに湧きあがってくる。それはあたかも，そのとき抱いていた曖昧な心情がいつの間にか凝縮され，的を射たことばの連なりとなって現われてきたかのように感じられる。こうして人は，予想だにしていなかった心の深淵を垣間見ることができたり，悩みや苦境から脱出するきっかけをつかんだりする。このような魂に働きかけてくることばに接すれば接するほど，人の心は深みを増し豊かになっていくであろう。
　絵画や音楽と同じく，詩歌も人間の全体性について，その認識内容を伝えるイメージ表現の一つの様式である。詩歌は，人が優れた感受性をもって自然や現実世界を素直に観察したり，自己の内面に耳を傾けじっくり対話することから生まれる。そこで感受した世界はことばに託して表出されるわけだが，人はこのことばによって外界や自己の世界に意味を付加し，輪郭を鮮明にして秩序立て，再体制化していく。このように，ことばは認知機能にさまざまな変化を生み，それが飛躍的に高まることによって複雑な思考をも可能にしているのであるが，同時に他者とのコミュニケーションの重要な道具となっている。とりわけ詩的言語は，メタファーが豊富でほとんど予期されずに偶然に出現したりする。このとき，意思による統制が届かないことも多いため，その分，内的世界に深く根ざした情動を自然な形で表現できたり，人の心に響くコミュニケー

ションも可能になるので，いつもの自分とは違う新たな自分に気づかされたり，現実をまったく異なった側面から眺められるようになったりする。

　詩歌がもつ自己洞察的，治癒的作用は何もこれに留まるものではない。詩歌を作る（詠む）という創造的な活動とともに，人の作品を聴く，読むということもきわめて意義ある行為となることは言うまでもない。詩歌の読み手，聴き手に及ぼす影響力の効果はいつの世でもずっと語り継がれ，日常の生活の中で実際に行われてきた。もし偶然にせよ，心の状態や感情に合った一編の詩歌に出会えたならば，それが力強い感動を呼び起こし，人は心を揺さぶられて作者と世界を分かち合えたという一体感を体験したり，解放感や安心感を実感するとともに，そこから自己の深い様態を見出し，これまで気づかなかった側面を改めて発見したりすることができるのである。このような詩歌のもつ治癒力を治療的に活用したのが詩歌療法である。

2. 詩歌療法

　詩歌療法とは，詩歌を媒体とした心理治療的なアプローチの総称である。わが国ではまだそれほどなじみがなく，活発に行われているわけではないが，心理療法への導入だけではなく，さまざまな施設でレクリエーションの一環としても行われるようになったことで，詩歌療法が実践されている領域は年々裾野を広げつつある（飯森，1981；芳賀，2002；田村，2011；小山田，2012）。もちろんそこでは作品の文学的なクオリティの高さが求められるわけではなく，あくまでも表現の手段としての詩歌であり，詩作したり，それを人と共に味わったりするそのプロセスが尊重される。

　用いられる詩歌はいわゆる自由詩や散文詩に限定されるわけではない。むしろ日本では昔から親しまれていた俳句，短歌，連句などのほうが多いと推測される。これらは基本的には七音と五音の組み合わせによる律文，いわゆる七五調によって構成されている。この七五調というのは五七調と並んで日本に古来からある詩歌の一形式であり，すでに古今和歌集にも多く見られるし，近世の

歌謡や文語調の近代詩などにも多用されている。したがって自分が気に入った詩歌を詠むようなとき，その自然なリズムは身近なものとしてわれわれの生活に沁み込んでいるので違和感はなく，心地良ささえ感じられよう。

　詩歌療法を個人に適用する場合，心理療法の補助的な方法として導入されるが，そこではいくつかの具体的なアプローチが設定できる。もっともオーソドックスなのは，対話面接の過程でクライエントの心理状態に適合した詩歌をセラピストが選択して紹介したり，読んで聴かせたりするもので，それがクライエントの心に届いたならば，そのとき体験した思いや感情はクライエント自身のものとして吸収される。そして，もしこうした関係が成立しているならば，今度は自分で詩作してみることをセラピストが勧めることも不可能ではない。そして個人面接で最も多く見られるのは，クライエントが普段から愛読している詩歌や最近偶然手にして心を動かされたもの，あるいは自分で作った作品を面接場面に持参し，紹介してくれるようなケースである。当然その場面では，その作品についてお互いが感じたこと，思ったことを率直に話し合うことになるが，そこにはかなりむずかしい課題が潜んでいる。クライエントがわざわざ面接場面にその詩歌を持参してきたのは，セラピストにはぜひ伝えたい，理解してもらいたいという切実な願いからであることは容易に想像できる。ただ本人は，そのような思いばかりが先行してしまい，自分が表現したいメッセージの中核についてまだ明確には自覚していない，把握できていないような場合がしばしば存在する。クライエントは自身の一方的な文脈で理解していたり，思い込みが強かったりして，他者にうまく伝えられるほどには租借できていなかったりするからである。そこでもしセラピストがそれに気づかずに単に文言上の理解に留まってメッセージの本筋を見逃してしまったり，適切な対応が取れないならば，クライエントの落胆はその後の治療に暗い影を落とすことになる。

　一方，集団で実施される詩歌療法は，原理的にはその集団に生まれた独特の'集団反応（group reaction）'の活用が前提になる。集団とは単に個人の寄せ集めではなく，それぞれの集団は特有のダイナミクスや機能をもっていて，それがときには個人療法ではうまく対応しきれないような問題にも有効に働き，集団メンバー一人一人に多様な治療効果をもたらす。集団のメンバーは，皆がそれぞれ個別の個性をもっている。そのため人の作品を見たり聴いたり，本人

のコメントを聞くことで，相手の詩歌の中にまさしく自分の一面が映し出されているように感じられたりすることがある。とりわけ，他者の作品から自分の欠点や弱点に気づかされると，思わず目をそらしたくなったりするが，これは，その人がさまざまに複雑な側面をもつ自己と向かい合い，間接的にそれを経験していることを意味する。

　最初はギクシャクしていても，やがて集団に仲間意識が芽生え，集団凝集性が認められるようになると，メンバーによって守られているという感覚が信じられるようになるので，自分が作った詩歌を皆の前で読み上げ，率直な感想を聞かせてもらうことに対する戸惑いは減少する。メンバーは自分を見ているのではなく，作品を聴いてくれているという安堵感があるし，自分の声に耳を傾けながら皆でそれを味わい，互いに感想を述べあうことで，詩歌を媒介にして心の内を人に表現できたという一体感と満足感を得ることができる。こうした体験によってこそ，人は自分の真の姿を発見できるし，そこから過去の自分との関連性を知ることもできる。

3．詩

　「詩」にはいろいろな形式がある。俳句や和歌，川柳など，音数や使える語などに規定のある日本の伝統的な定型詩も「詩」の一種であるが，自己表現の媒体として誰の頭にもすぐに浮かぶなじみ深い「詩」は，音数や韻律といった決まりごとからは解放されている自由詩あるいは散文詩であろう。

　擬人法，対句，倒置法，押韻，体言止め，それに連用形止めなどのように，詩の表現技法はバラエティーに富んでいる。とりわけ「〜のような（に）」と何を何にたとえているかが明らかな直喩（simile：シミリー），それに，たとえであることを示す語句が隠されている隠喩（metaphor：メタファー）といった比喩は，ことばでは簡単に言い表せないような心の状態や思いを短い文の中に端的に込めて表現できる可能性をもった技法である。説明や解説といったことにとらわれることなく，心に浮かんだイメージをうまい比喩を使ってあり

のままに表現できたなら，人の心をより一層打つことができよう。このように詩を書くということは，自分の思考や感情のプロセスを直視し記録するという，瞑想や内省の一形態となりうるものであり，詩でなければ表現できない世界はあるのである。詩の読み手も，比喩によって表現されている文脈は，ことばによる概念の規制が少ないのでそこに自分なりのイメージを自由に膨らませて鑑賞できる。同じ詩を繰り返し読んでも，その度に味わう感情や浮かんでくる情景が微妙に違ったりするのはそのためである。詩を読むというのは，作者が主張しようとしている思想や世界を論理的に理解することではなく，本人のしなやかな感性でいかようにも味わったり解釈ができるのであるから限界はない。作者が心に描いたイメージが詩という形で表現され，そのことばを媒体として読み手は自分の心に写し取り，共振れを起こしたり感情移入したりして，さまざまな体験をしているのである。

　心理臨床の場や施設などで詩が用いられるような場合，その多くはその場で詩を作るというよりは，メンバーが自宅で書いた詩を持参したり，普段から愛読しているものや，自分の心情がうまく表現されていて心を揺さぶられたり感動した詩を持ち寄って皆の前でそれを読み，互いに感想をフランクに語り合うといったのが主流である。これは参加者にとって安全で安心できる心の表現方法である。多くのメンバーと一緒に詩を読むのは楽しいし，そこで感情は解放され，皆と心が共有できたという一体感，満足感が得られるだけでなく，自分でもさらに詩作してみたいという創造性への意欲が刺激されるなど，そのインパクトは予想以上に強い。

4．自由な文章表現：散文

　ふとしたきっかけで浮かんできたことばを手帳にメモ書きしたり，日記に書き綴ったりすることがある。これまで何度となく頭の中をよぎってはいたが，瞬時に消えてしまうので文章としてまとめられることはなく，あまり気にも留めてはいなかったが，ようやく一連のことばとなって意識に上ってきたもので，

'ハハ〜体験'とともに新しい洞察でも得たような気分になったりする。これを絵や造形で表現するのはどこかちぐはぐになってしまいそうだし，同じことばでも詩や俳句ではしっくりこない。このようなときは，自然と脳裏に浮かびあがってきたことばを，そのまま書き写すことのできる散文が選ばれたりするようである。

　思春期や青年期にある子どもが，長いこと不登校や引きこもりの状態にあって，自分や周囲に対して厳しいまなざしを向けるも，自己や外界の対象について具体的な輪郭が描けなかったり，かすかなヴィジョンすら見い出せずにもがいていたとする。ところが，長い苦悩の末，ようやくそこから脱出する手がかりがつかめそうに感じたときなどは，短期間に集中して書いた散文や小説などを何篇も面接室に持ち込み，セラピストにつきつけてきたということを経験した人は少なくないであろう。これは散文や小説などを書くことで，時間はかかりはしたものの，思いのままにことばを駆使して混沌とした心理状態を着実にまとめて新しい秩序を与え，リアリティの感覚を取り戻そうとする真剣な試みなのである。以下は，小学6年からずっと不登校の状態にあった中学3年生の少女が書いた散文とも小説とも言える文章の要約である。

> 　高校2年の少女と両親の3人家族（家族構成は本人と同じ）。郊外に新築した一軒家に引っ越してきたばかり。大手商社の部長である父は毎朝ジョギングをしているが，その途中で崖から落ちて死んでしまう。この出来事は事故死として処理されるが，その現場で父が別の男性ともみ合っている姿を見たという目撃者が現れ，以前から顔見知りの青年（職業は刑事）と協力して犯人捜しを始める。やがて犯人を捜し出すも，彼の父は中小企業の社長で，商社の突然の営業方針転換によりその会社は切り捨てられ，経営が行き詰って自殺に追い込まれたのだと聞かされる。親会社で指揮を執っていたのが彼女の父で，彼から責任を追及され，抵抗しているときに誤って崖から落ちたというのが真相だとわかる。彼女は誰も責めたり憎んだりすることなく，ただつらい現実を静かにかみしめるしかなかった。

　高校2年の少女を主人公にしたストーリー展開である。小説仕立てにはなっ

ているが，突き上げてくる想いを一晩で一気に書き上げたものなので文章も文脈も整えてはいない。こうした迫力ある散文を2〜3ヵ月の間に5篇書いて気持ちを整理していることがわかる。テーマはすべて広義の‘自立’である。その後本人は，「きちんと勉強したいから」と自分から申し出て，一年留年し再度中学3年生をやり直してから高校に進学している。

　もう一つ，散文により自己表現が生かされた女性の例をあげてみよう。彼女は19歳で結婚し，年子で2児（女児）をもうけるもしだいに寡黙になり，家族との接触を避けて部屋に閉じこもる生活がつづくようになる。子どもの養育にもあまり関心を示さず，孤立していたかと思うと混乱して大声で暴れたりするのを繰り返し，27歳で入院することになる。当時のカルテには精神分裂病（統合失調症）と記されている。その後，病院では慢性の経過をたどり，入院生活は25年に及ぶ。他の入院患者とはほとんど話をせず，気に入らないことがあると布団を部屋から持ち出し，廊下で一人寝起きする。当時スタートしたばかりの‘絵画クラブ’には関心があったようで，毎回，時間前から部屋の前で始まるのを待っていた。参加メンバーは12〜13人の小グループで，花や風景の写生や自由画など，誰もが思い思いに描いてお互いに感想を述べ合うことになっている。セッションが始まると最初の10分くらいで1枚だけ描き上げ，それからは一人室内をブラブラ歩いたり，外を眺めているだけで，話し合いに加わることはなかった。それでも本人がその時間をそれなりに楽しんでいることは，表情やしぐさから伝わってくる。描くものはほぼ決まっていて，いつも家を中心に木や花が添えてある程度の構成で，そのときの気分で家の窓が開いていたり草木の種類が変わるなど，バリエーションが多少異なるだけである（図Ⅱ−19）。黙って外を眺めていてこちらと目が合ったとき，「娘が会いに来るんですよ」とはにかむような表情で言うことがあり，かつて一度も面会には来たことがない家族や家への想いの深さが伝わってくる。

図Ⅱ−19　自由画

そんなある日，セッションの終わりに無言のまま2枚の紙を手渡してくれた。ずっと握りしめていたであろうそのしわだらけの紙を開いてみると，そこにはいくつかの文章が綴られていたのである（図Ⅱ-20，一部抜粋）。古いカルテにあった'小学生の頃からかなりの文学少女であった'という記述に日頃の姿を重ね合わせると，彼女がどれほど鋭敏な感受性をもち，深い内的世界をたたえているかは推測できたとしても，人間存在の在り様を哀しいまでに鋭く見つめるまなざしは，彼女の描画からはとうてい推し量ることはできなかった。心の底にしっかり根づいている虚無の世界や悲哀の感情が，手渡された文章を読んで初めて実感することができたのである。これまで長いこと，日常の対人関係を含めふつうの社会生活は送ってこなかった。そうした半生から，「自分が理解されることなどない」と人とのことばによるコミュニケーションはとっくに諦めていたふしがある。ただ彼女にとって散文は，描画や対話よりはるかにふさわしい自己表現の様式であり，今回はからずもそのことを私たちに厳しく提示してくれたことになる。

家を離れて病院に来た
一日一日を空しくすごしてきた
暗い病院の部屋の中で家族の来るのを心待ちしている患者の群れ
世の中は住みづらい
独り言を吐きながら日暮れの山道を
とぼとぼ歩み去る旅人の後ろ姿は
孤独な人生に悩む胸中に生きるゆうきを与えてくれる
美しい人を求めて
瞬間に咲いて　瞬間にちる花
私の胸にやさしくささやいてくれた
青春の喜び
月の青く澄んだ夜だった
こじきはぼろをまとってあかにまみれていた
人のなさけをぱくつきながら
人間のきょせいをはったいき方を笑っている
風が吹いて寒い夜だ
涙ながらにつづる女の哀歌
十字架を背おわされて生まれ
身をのろいながら生きていく
空をとぶ浮き雲の様に　人間のはかなさを知る

図Ⅱ-20　散文

5．俳句

　江戸時代までの俳諧連歌から発句を独立させ，俳句という固有の様式を成立させたのは正岡子規と言われている。明治中期の1897年に俳誌「ホトトギス」を刊行主宰してからは彼の周囲に多くの人々が集まり，そこが俳壇の中心となって発展している。日本の詩歌の伝統を引き継いでいる俳句は，五・七・五の17音という「定型」や「切れ」，それに「季語」といった特徴を備えていて，これが現代でも広く普及し多くの人に親しまれる重要な要因になっていると考えられる。

　五・七・五，17音というのは短いようでいて日本人のことばのリズムや感性にぴったり合った詩型である。俳句を作るというのは，これまであまり気づかなかった自然や外界を素直に観察することであり，自分の内面にも耳を傾けていなければならない。そこで感じたものを切り取って定型の枠組みの中で表現していくのであるが，このことばだけでは収まり切らない世界は余韻となって読み手のイメージに膨らみと深みをもたらし，俳句と繋がろうとする動きが生まれる。また俳句の作り手にとってもこの詩型は，表現の仕方にほどよい枠を与えてくれるので，初めての人にとってもそれほど躊躇することなく安心して試みることができるのである。

　また「や」「かな」「けり」といった切れ字も，俳句ではしばしば見聞きする語（音）である。芭蕉のあの有名な俳句，「古池や蛙飛び込む水の音」を持ち出すまでもなく，句中や句末で多く用いられる切れ字はそれで句の表現を完結させるので，必要最小限のことばでそのことば以上の意味を込めたり情景を表現したりすることができる。

　そして何といっても，俳句にあって季語が果たす役割は計り知れないものがある。季語を織り込まなければならないという決まりごとは，自然のちょっとした変化や美しさ，つまり季節感に普段から敏感になって生活することを促してくれる。そして季語を入れることによって，誰もがその季節の情景を浮かべやすくなるのでイメージを一層広げることができ，その俳句が表現しようとし

ている世界はずっと身近なものとして感じられるようになるのである。病院や施設で入所者のレリクエーションとして句会が想像以上に多く行われているのは，季語が参加者相互のコミュニケーションを促進させるキーワードとなっているのである。

（1）種田山頭火の自由律俳句

　心理臨床の分野で，自作の句も含め，それぞれが俳句を持ち寄ってこれを素材に心置きなく話し合うようなグループが継続して催されることがよくあるが，そこに種田山頭火が登場するのはもはや珍しいことではない。山頭火が一躍有名になったのは，昭和40年代の半ばとかなり以前のことである。ところが現在では中学生の国語の教科書にも掲載されているほどなので，青年からお年寄りまで，親しまれている年齢の幅は相当広い。

　山頭火は明治15年（1882年）に山口県で大地主の長男として生まれている。10歳のときに母親が自宅の井戸で投身自殺。14歳の頃には中学の学友と文芸同人誌を発行したりして，俳句を本格的に始めていたようである。精神的な衰弱が改善されずに早稲田大学文学部を中退してからは，防府の実家に戻って没落していた生家の立て直しのために父親と酒造業を開始。27歳で結婚して翌年には男児が生まれた。こうして本格的に俳句の勉強を始めた山頭火の実力はしだいに認められるようになり，俳句誌に掲載されたりするが，種田酒造場の経営のほうは危機に陥り再建のために奔走するも，ついには倒産に追い込まれて一家は離散する。父親は行方不明となり，山頭火も友人を頼って夜逃げ同然で妻子を連れ熊本に渡る。不幸は重なるもので，それから数年後に今度は弟が借金に耐え切れずに自殺してしまう。

　やがて戸籍上妻とも離婚し，泥酔して独り街中を徘徊するような生活がしばらくつづくが，43歳のときにようやく縁あって出家し，観音堂の堂守になる。しかしこれもつかの間，山頭火はすぐに寺を出て法衣と笠をまとい，句作をしながら九州，四国，中国地方を巡る托鉢の旅を始めるのである。一時期，山口県小郡に小さな草庵「其中庵（ごちゅうあん）」をむすぶこともあったが，その後の生活のほとんどは食べ物の施しを受けながらの行，つまり行乞（ぎょうこつ）放浪の旅であった。体

力が衰え，行乞の旅が困難になってからは松山で終の棲家となる「一草庵」を
むすび，そこで58年の生涯を終えている。8万句をはるかに超える俳句のほ
とんどは，この放浪の托鉢生活の中で作られたものである。

　こうした山頭火の厳しい根無し草のような放浪流転の日々は，「其中日記」「一
草庵日記」や自選句集「草木塔」などに切々と綴られているが，関連する専門
書も数多く出版されている（大山，2002；村上，2006）。読者はそうした書に
触れることで山頭火に興味，関心を持ち，心の軌跡をイメージで辿ろうとする。
最初は単にその生き方に魅力を感じただけなのかも知れないし，読者が一方的
に感情移入して共振れを起こしているだけかも知れない。それでもそれはしだ
いに読者自身の心の底に潜んでいた深い孤独感や虚無感，無意味感といったも
のを揺り動かすようになり，いつの間にか醸成され，実感をもってこれと向か
い合えるようになることもあり得る。もちろん，山頭火の悲惨な境遇ばかりが
強調されているように感じ，拒否的な感情を抱いたり，突き放すように距離を
保とうとしたりする人もいることは事実である。ただ，山頭火の俳句が描いて
いる世界は，誰にとっても自身の心の在り処を問うような不思議なインパクト
を与えているようである。

> 笠にとんぼをとまらせて歩く
> しぐるるや死なないでゐる
> 濁れる水の流れつつ澄む
> どうしようもない私が歩いている
> まつすぐな道でさみしい

　山頭火の俳句は五・七・五の定型や季語に縛られない自由律である。この自
由律が読者の心にある種の驚きと解放感を生んでいると想像できる。それは無
秩序な自由奔放さではない。生来から山頭火に備わっていたようなリズムが感
じられるので違和感はなく，むしろ安堵感さえ感じさせてくれる。それだから
こそ親しみをもって「自分にも俳句が作れそうだ，作ってみたい」という思い
を多くの人に呼び起こさせているに違いない。

　以前から山頭火という名前だけは印象深く残っていた。中学生の男子はある

とき，テレビでその型破りや境涯や自由律の俳句のことを知って，ずっと身近に感じられるようになったようである。幼くして母親を病で亡くし，ここ数年は生活のために東北の工事現場で働いている父親とも年に数回しか会えない。東京の叔母夫婦と一緒に暮らしていたが，このところ突然暴力を振るったり抑うつ的になったりと情緒的に不安定な状態に陥っていた。面接で彼は，これまで書き溜めていたノートをはにかみながら見せてくれた。

> もう嫌だ！　初めて叫んだあの日のこと
> あたたかさとやさしさと　うらやんでも自分はうつろ
> ボク　生きてていんだよね　母さん

6．短歌・連句

　中国の伝統的な詩である漢詩に対して，奈良時代までに発生した日本固有の詩歌が和歌であり，大和歌(やまとうた)とも称される。この和歌は一般に，五音節と七音節の繰り返しによる音数律が基本となっている長歌，短歌，旋頭歌(せどうか)，片歌(かたうた)などの総称として使われているが，今日ではほとんどが短歌のことを指している。

　現在，短歌といえば五・七・五・七・七と５句を連ね，三十一字で綴る詩形のことであり，この定型を守ったり，ときに変化をつけることによって表現の幅を広げたりできるのである。古今和歌集に象徴されるように，短歌は若者でもこれまで何度となく耳にしたり目に触れたことのある歌体であり，はっきり意識することはなくても記憶のどこかに刻まれているからであろうか，学生を中心に短歌を使用したコンテストなども全国各地で盛んに催されるようになっている。短歌で詠まれる対象は，日々の生活の流れの中にあって花鳥風月や四季の変化，それに生活実感や人間社会の出来事に至るまであらゆるものが含まれるので，表現媒体としてのとっつきにくさは想像するより少なく，潜在的にはかなり普及しているのである。

　その意味で現代の連句も，複数の人がお互いのことを思いながら気軽に集う

歌会として実施できるので，親睦を兼ねた集まりや心理臨床の場でもしばしば取り入れられている。基本的に連句は連歌の形式を踏襲している。最初に五・七・五の長句をつくり，つぎに他の人が七・七の短句をつくり，そのつぎは五・七・五の句を，そのまたつぎは七・七と，これを二人以上の人が交互に詠んで連々とつづけていく。形式は連ねる句の数で決まっていて，三十六句で区切りをつける「歌仙」，その半分の十八句「半歌仙」などがあるが，実際には参加者の経験や関心度などによって調整している。

| 元旦にただ一輪の梅の花　　…1
| 春のさきがけ陽だまりの庭　　…2
| パッと咲きパッと散りゆく早桜　…3
| 春の嵐よ心して吹け　　　　…4
|　　　　：
|　　　　：　　　　　　…18（半歌仙）
|　　　　：
|　　　　：　　　　　　…36（歌仙）

　これは連句についてはまだ初心者の集まりで詠まれた冒頭の一部である。句を連ねていく際に単調さや繰り返しを避けるための規則には複雑なものがあるが，それはさておき，前の句から連想して文脈的につながっていくように詠んでいけば良いわけで，その句で表現されている光景や場面をイメージしたり，その人の気持ちを想像したりして句を連ねていくのである。最初はうまいことばが浮かばないかもしれない。そのようなときは，経験者やセラピストと話し合いながら一緒に句を作る方法だってある。こうしてメンバーのそれぞれが抱いている心情を理解しようと心がけ，それに自分の連想をかぶせながら吟じていく緊張感と即興性は相乗効果を生み，連想の飛躍によって思いもかけない別世界が展開されたり，集団としてのまとまり，すなわち'和やかな座'が形成され発展していくのである。

（1）視野を広げる連想

　連句に限らず，心にある情景や観念が浮かんだとき，人はそこから連想を駆使して，つまりイメージを自由に展開させることで全体を把握し，これをことばなどの媒体を通してまとまった形で表現している。このイメージの展開には個々人に特有のパターンがあるもので，イメージが活性化されるとそのパターンは繰り返し現れ，それがその人にふさわしい個性的な媒体を用いた表現となって他者に伝えられる。古くから伝統的に受け継がれてきた短歌なども，それまではほとんどなじみがなかったのであるが，それが突如，混沌とした個人の内的世界をことばで端的に表現できる道具として浮かび上がり，身に着くようになると，そこからはこれまでにない新しい視野からその人にとって独創的な表現が生み出されるようになったりする。

　精神科に7ヵ月ほど入院していた25歳の女性，しばらく会う機会がなかった愛する祖母が危篤だという連絡が入り，外泊が認められた。しかし悲しいことに，ほどなく祖母は亡くなってしまう。失意の気持ちを抱え，病院に戻ってもしばらくは気落ちしていた。どうにかして心を整えようと思いつくままを文章にしてみるが，複雑な感情や思いはとりとめもなく膨らむばかりで，収拾がつかなくなりそうな怖さに襲われる。そのようなとき，自然と浮かんできた一連のことばがある。

> 祖母のこと考えるたびいつだって
> 　　　　　なにすれど哀しなにすれど悔し
> あるだけのお金をだしてメロン買う
> 　　　　　祖母のためなら祖母のためなら
> 菜の花に春ですよと告げられて
> 　　　　　ああそうかと背伸びをする
> よかったね母の笑顔が胸を打つ
> 　　　　　親不孝通り歩きし私に

これは祖母への心からの鎮魂歌であり，哀歌である。これまで特に短歌に興味や関心があったわけではない。思いつくままに気持ちを書いていたら，結果こうなったという。文章だと淋しさや悲しさばかりをただただ書き綴るだけで，気持ちが落ち着くことはなかった。ところがこの短歌では，自己への憐憫の情からはかなり解放され，周囲の人の行動や心を優しく思いやる心根から表現されていることがわかる。短いことばの連なりだからこそさまざまにつらい思いも説明することなくそっとそこに込め，しばらくそのまま置いておくことができたのだという。

もう一人，80歳を過ぎた老女の短歌にもキラリと輝く光が見てとれる（図Ⅱ-21）。夫を亡くしてすでに10年以上の月日が経つが，その間これといった趣味に興じるわけでもなく，平凡な日常がつづいていた。ある日，新聞の短歌の投稿欄に目をとめてから興味をもつようになったようである。当初，詠んだ短歌はノートに書き留めておくだけで人には披露しなかったが，老人のデイ・サービスでたまたま友人に話したことが縁で近所の短歌の会を紹介され，2〜3ヵ月に一度通うようになった。そしてその会で先生や皆に褒められたことが契機となって，短歌に親しむようになっていった。

年齢からすると，学校で百人一首などを教わったりしたことはあったようだが，短歌を詠むのは初めての経験である。驚きなのは，自然や人を捉える視線の確かさであり，斬新さである。短歌を詠むことを通して視野は広がり，どこにでも視点を移すことができるなど，対象を見つめるまなざしは生き生きと蘇っている。老女がそのような世界を心にたたえているということは家族の誰もが想像だにしていなかったが，その後はそれを直接話題にすることはなくても，そうした世界を生きている人として，尊敬の念をもって暖かい気持ちで接することができるようになったという。

庭先に咲き乱れたる白菊は寒さに耐えて薄紅をさす

園児らの帰りのバス待つ若き母何を語るかほがらかに和す

赤々と取りのこされし柿の木に集い競いてモズの鳴きおり

何もかも満ちたりすぎた世の中で悪しきことのみ耳に入りくる

寒風に吹かれて空き缶ころころと落ち着く先は坂の終わりか

図Ⅱ-21　ある老女の短歌

4章　からだとの対話

1．表現媒体としてのからだ

　クラシックバレエとモダンダンスを学んだ後に，今日までの長い期間，ダンサーとして独自の表現活動を展開している田中泯（2011）は，その身体論のなかでわれわれのからだとのかかわりについて鋭い問いかけをしている。

> 　この世に生まれてからずっと，私たちは一瞬も休むことなく脈打ち呼吸し振動し，心動かしている。あるいは休むことなく動いているのが私たちのからだ，だ。私とからだ，この一体感の度合いが，とても素朴で強い‘生命の充実感’と言えるのだと思う。‘私とからだ’は一体である。私はからだの中で生きている。こんなこと考えるまでもないのだが，私たちはしばしば‘私’と‘からだ’の間に距離を感じてしまうのだ。だからこそ‘私の’何々，私のからだ，などと表現してしまうのだ。所有感をわざわざ表現してしまう。これは距離を生じてしまうことのしるしだ。‘私＝からだ’，これが人間生命の原則，前提であった，と思いたいのだが，どうもその様ではないようだ。

　からだは，すでにそのものが表現媒体である。ただそこに座っているだけでも，あるいは立っているだけでも，私たちは自分の人となりや存在についてたくさんの情報を周囲に発信している。ましてやこれに動作や顔の表情などが加われば，そこには計り知れないほどの情報量が込められることになる。自己の

表現活動として，描画や箱庭，コラージュ，音楽といったものよりも，からだを通じたもののほうが，自分が直接的に体験していることを自然な形で表出しているという実感はずっと強くなり，他の手段では得られないような経験がもたらされるのである。人は皆それぞれが，他者とは区別される現実の基礎となる自分のからだをもっている。したがって，今，さまざまに体験している主体から自分のからだを切り離し，これを対象化して遠くに追いやってしまうことなど簡単にはできない。

　からだはまた，普段は気づいていないような自分自身の状態についても，確実に目覚めさせてくれる。私たちはいつも，自分の感情に気づいていると思っているが，感情というものは，ある程度の強度をもったときに初めて気づく性質のものである。それよりも弱い感情は，からだの微妙な感じとしてしか感じとれない。どことなく息苦しいとか，皮膚がこわばっているように感じられたり，手足の筋肉の張りや胃の調子がいつものようではないなど，さまざまである。このように本人にとって明確にはなっていない微妙な感情や感覚は，身体感覚として，拡大して表出されるのであり，それを敏感に感受することで自分の心身の様態を捉えることができるようになる。私たちのからだは，それがうまく機能しているときは，自分と一体となっているため意識されることはほとんどないが，そこに少しでも違和感や異物感があったりすると，自分のからだは急に自分自身に際立ってきて，実は'私にとってからだは，どのようなものであったのか'が把握できるようになったりもする。このように，からだにかかわるものを無視しては人間理解は一歩も進展せず，これを十分に考慮できるようになることで自己表現能力は高められ，自己理解や他者理解も深みを増し，核心に迫っていくことができる。

（1）身体性イメージ

　藤岡（1993）は，後述する「個々人が抱く自分のからだ全体についてのイメージ」を意味する身体イメージ（body image）とは区別して，「自分のからだそのものだけではなく，そのからだを通して生まれる感情や感覚，直観といったものまでをも含めたイメージ」に焦点を置いた際には，身体性イメージとい

う用語を用いたほうが適切であると主張している．この身体性イメージは，時と場によって絶えず変化しつづけるものであり，からだに生ずる反応は本人にしかわからないきわめて個人的・主観的なものである．人は生まれてからずっと，自分のからだとともに過ごしてきたのであって，その過程では他の誰とも比べることのできない自分独自の体験をしているのであるから，この体験の積み重ねこそが自身のアイデンティティを確かなものとする重要な要因になっている．

　ここで一つ，イメージによって自らのからだのうちに入り，それと対話しながら，現実を超えた空間世界の中で種々の身体性イメージと出会ってみるようなエクササイズを紹介してみよう．これは主に，セラピストの研修などで導入してきたものである．

　最初に，「自分のからだは無数の細胞によって構成されている」，というその状態を心に描いてみる．つまり自分のからだは，銀河系のような無限に広がる宇宙そのものなのである．このイメージに実感が伴うようになってきたら，今度は自分が一人用の宇宙船に乗って，右足の親指の先からからだの中に入っていく．いよいよ無限の宇宙を探索する壮大な旅が始まったのである．血管の動脈とおぼしき中を移動しているときは，血液の流れに任せているだけでスムースに動いているが，足のふくらはぎといった筋肉で覆われたような世界では，移動にかなりのエネルギーが必要になったりする．こうしてからだのあらゆる領域を，思いつくままにあちこち旅していくのである．するとときには，宇宙船の進む方向が定まらずに，空間を漂い始めたりする．先ほどまで外には星明りが見えていたのが，今は漆黒の闇の中にいる感じがして，不安と焦燥感が湧いてきた．どうやら胃の周辺を旅している途中だったようで，最近はずっと胃の不快感が気にかかっていたので，どこかで納得できたりする．肩こりに悩まされている人などは，肩や首筋を通過するときなどはブレーキがかかったように動きが鈍くなったりすることがある．

　これらは身体の各部位に対応したものばかりではなく，全身の壮快感や不快感のように，「海の中を泳いでいるように，からだは軽やかで気分も晴れ晴れしている」とか，「からだも心も重く沈んだ感じで，何もかもがスローに動いている」と，からだそのものの感覚から生じた身体性イメージを反映したもの

であることも少なくない。

（2）心身一如

　17世紀，デカルトの心身二元論が広まるにつれ，心とからだはそれぞれが独立した機能をもち，別々の役割を果たしているとみなされるようになった。ところが東洋では，'心身一如'や'心身相関'という考え方が長い歴史を経て今日まで伝えられているし，誰でも経験的にそれは納得している。

　ストレス状態が長くつづけば，疲れやすくなって頭痛や肩こり，めまいが起きたり，ときには胃や腸の炎症，湿疹，喘息，さらには心臓疾患や糖尿病など，さまざまな疾病の原因になったりする。心気症のように，ちょっとしたからだの不調を気に病み，そこから抑うつ的な気分に支配されるようになることも現代では珍しくない。反対に，昼間から部屋に閉じこもってうずくまっている人が，自分のからだを緩めて動かせるようになると，表情もみるみる生気を取り戻してくることもある。子どもは成長していく過程でことばを獲得し，社会性を身につけていく一方で，子ども本来の動きそのものに身を任せることは抑えるようになり，その結果，あらゆる生活の場面で生きづらさを抱え込んでしまったりするものである。また，歯が痛みだしたとき，そこから気持ちをそらすのではなく，むしろその痛みを意識し向き合っていると，痛みは変わって小さくなるといった経験は，多くの人の記憶に残っていると思う。このように心が変わればからだもそれと同等の変化をするし，からだが不調になったり，生き生きしてくれば，心も不安定になったり，静かに落ち着いてくるといったことは事実である。

　このように，心とからだは密接に関連しているとはいっても，それぞれは独自のシステムをもつ活動体であるのだから，両方を直線的に結びつけて一元的であるときめつけることはできない。実際には，心の過程がからだに伝わり，からだの過程が心に反映されてくるわけで，この心とからだをつなぐものとしてイメージが密接に関係しているのである。

　最近では，イメージを使って健康上の問題を改善したり，健康の維持・増進を目的とした方法について多くの研究が行われている。ヨガや気功などは，生

命エネルギーの流れが心身の健康に大きな影響を与えるとして，何千年にもわたってイメージ法を導入している。その背景にあるのは，たとえばレモンをイメージすると自律神経が反応して，口の中の唾液分泌を促すというように，多くの身体上の反応は，イメージによって影響を受けるということが実証されているからである。心拍や血圧，皮膚温はもとより，胃の消化液やホルモンの分泌，随意筋や網膜にもイメージは影響を与えているのであって，さらに，イメージによってこれらをある程度コントロールすることも不可能ではないのである。

　イメージ訓練の一つとして，訓練者に'喜び'とか'自由'，あるいは反対に，'怒り'とか'恐れ'といったことばを与え，そのことばに集中して思いを巡らせ，自由にイメージを膨らませてもらう方法がある。心身をリラックスさせ，そのことばから生じてくるイメージを心ゆくまで味わい，イメージが自分自身の一部になるまでじっくり浸ってもらうのである。そこではさまざまなニュアンスの感情や感覚を体験しているので，それに伴ってそれぞれに微妙な生理的変化も起きていることになる。このように，イメージで体験していることは，実際に経験した場合とほぼ同様の神経生理学的プロセスをたどるのであるから，どのような対象に対して，自分はどのように反応しているかを捉えるためには，身体感覚として自分のからだに耳を傾け，それを丹念に感受していくしかない。

2．からだに耳を傾ける：フォーカシング

　ジェンドリン（Gendlin, E. T., 1981）はロジャーズ（Rogers, C. R.）のクライエント中心療法を新しい視点から発展させ，フォーカシング（focusing）という独自の技法を完成させた。彼は'今，この瞬間'に生じている感情体験で，漠然としていてそれをことばにすることはできないが，確かに感じている体験の流れ（体験過程：experiencing）は，自己の新たな認識，洞察へと導く源泉として重視している。それが自分の心とも，気持ちとも，あるいはからだの感じとも言えるような，まだ漠然としていてはっきりしない体験の流れに注意を向け，これをからだで感知し，ことばで表現できるようになるプロセスを促す

技法ということになる。

（1）フェルトセンス

　心理療法の初期では，クライエントは自分の中で感じているはずの微妙な体験の流れを，それに即してありのままに表現することは少ない。ときにはその実感から離れて，頭だけで考えたような紋切り型の一般的な概念で説明したり，ある事柄の一面についてのみ感情的になって話したりする。ところがこのようなクライエントも，治療が順調に展開していった場合，話し方にはっきりした変化が現れてくる。内面で感じている多様なニュアンスを伴った経験との接触を保ちながら面接に臨むようになると，それまでのありきたりの表現はしだいに減少して，クライエントは自身の実感に基づいた生きたことばで語るようになるのである。これは，その人の内的な世界に対するかかわりの変化，体験の仕方の変化と言えるかもしれない。

　厳しい父親に躾けられた青年は，大学を卒業して希望の会社にも就職でき，結婚して実家から離れることで，ようやく親元から自立できて解放されたと感じていた。ところが仕事に就いて3ヵ月が過ぎた頃から，上司や先輩のことばが，いつも叱られているように感じて怖くなり，職場では萎縮するようになってしまった。治療が始まった頃はしきりに，「父からいつも否定的な評価ばかり受けていたから，自分のすることに自信がもてなくなってしまった」と，父親に対する批判と怒りの感情を繰り返し述べていたのである。ところが，偶然にも上司や先輩と話しているときの自分のからだの感覚に意識が向いたとき，「確かにからだはこわばっているけれど，思っていたほどではない」ことに気づいた。「自分のからだは緊張してはいるが，どこかで'ワクワク感'もあって，外の世界を完全にシャットアウトしようとしているわけではない」と言う。このからだの「外界にも少し扉が開けられているような感じ」から，上司や先輩からことばをかけられたときは，「自分のことを意識してもらえた」と思えたし，「自分のアイデアや仕事ぶりを少しでも褒められたときは嬉しかった」ことも認められるようになっている。それはまた，幼い頃，父親には褒めてもらいたいという期待をいつも抱いていて，たまに褒められたりすると嬉しかったとい

う記憶も鮮明に蘇ってきたのである。

　フォーカシングでは，ことばで表現される以前の曖昧な感じや，体感に焦点をあわせる（focus）ことから始められる。クライエントが自ら抱えている問題や関心ごとに注意を向けていると，からだの中には'ある感じ'としか表現できないような感覚が生まれるが，これがフェルトセンス（felt sense）である。つまりフェルトセンスとは，思考や情動ではなく，微妙で曖昧な身体的な意味感覚である。このからだの前概念的な'感じ'に適度に触れながら注意を向けつづけていると，「すっきりした感じ」「ほぐれてくるような感じ」「確信がもてたような感じ」のように，ときにその'感じ'が変わり，そこから深い意味が生じてくることがある（シフト：shift）。これは，それまで焦点づけていた対象を別の角度から眺めることができるようになったときに起きるもので，これが感覚的にピッタリすることばなどの象徴に置き換えられて初めて，これまで空白だったその意味を，その人は明確に捉えることができるようになるのである。

（2）6つのステップモデル

　ジェンドリンはこのフォーカシングのプロセスは，適切な段階を踏んで訓練さえすれば，誰にでも習得は可能であるとし，6つの体系づけられた技法を編み出している。

① 空間をつくる

　心身をリラックスさせ，内面に注意を向けることで，気になっていることや引っかかっていることが浮かんできても，それにこだわったり，巻き込まれたりすることなく，一つ一つを認め，適度な間を保ってじっくり眺める。つまり「私って，今，どんな感じだろう」と自分に尋ね，浮かび上がってくるものは拒まずにそのまま並べて，ただ耳を傾けるだけでよいのである。とはいえ，浮かんできたものを理屈で考えたり評価を加えたりせずにそっと置いておくことは思いのほかむずかしく，そこに自分にとって心地よい空間をつくることを心がけるよう求められる。

② 気がかりなことについてのフェルトセンス

　浮かんできた心のこだわりの中から，どれか一つを選び，「その問題について，私はどう感じているのだろうか」と自分に尋ね，何らかの感じが動いてくるのを静かに待つ。くれぐれもその問題の中に入っていかないように注意しなければならない。ここで体験される感じは，ことばで明確に表現できるものではないので，これを丸ごと受けとめ，全体としてどのように感じられているかという意味感覚をからだで感じることが肝要になる。

③ ハンドルを見つける

　フェルトセンスをうまく描写できるようなことばや言い回し，それにイメージやジェスチャーなどを探して手に入れる。頭で考えた理屈を無理に当てはめても意味はないので，都合の良い押しつけは避けなければならない。ぴったりするハンドルが見つかり，そのときのからだの感じが，ことばやイメージによってうまく象徴に置き換えられたとき，体験が本当にからだで感じられていることがはっきりわかるし，これがそのフェルトセンスがさらに柔軟に変化していくときの助けにもなる。

④ ハンドルとフェルトセンスを響かせる

　でてきたことばや言い回し，ジェスチャーなどをフェルトセンスに照らし合わせて，しっくりくるかどうかをからだで確かめてみる。フィットしているときは，「アー，そうなんだ」「これだ！」といった一致感や満足感が得られよう。このときの「ぴったり合っている」という感覚は，自分のからだが生き生きと変化していることの証でもあるので，これをじっくり体験してからだに留めておくことは意味がある。もし，もう一つピンとこないのであれば，思い浮かぶ新しいことばや言い回し，イメージなどを招き入れ，フィットしているという感じに到達するまで，探しつづければよいだけである。

⑤ 訪ねる

　適切なハンドルを見つけることで，身体的な解放感，つまりシフトが起こるが，ハンドルを響かせても，ほんの小さなシフトを感じただけだったり，まっ

たくシフトが起こらなかったときは,「私がこのようになっているのは,何なのだろうか」とフェルトセンスに問いかけてみる。フェルトセンスに質問を投げかけてみるというのは,内面との対話に関与するということであり,そのことによってフェルトセンスとのつながりを深め,フェルトセンスが解放されたり変化するのを促すことにも役立つ。こうした過程から新たに生まれ出たことばや言い回し,イメージなどは,確かにシフトを起こさせるものである。

⑥ 受け取る

フェルトセンスから得られた大切な意味を,じっくり時間をかけてただそのまま受け取るということである。

このようなプロセスから理解できるように,フォーカシングにおいて,そもそも未分化で前概念的な身体感覚を表現しようとするとき,それは必然的に「〜のように」とか,「〜みたいな」といった比喩を多用したイメージ的なものにならざるを得ない。むしろそれがイメージ的であるからこそ,からだの感じのセンスをうまく捉えることができるのであり,フォーカシングの効果的な展開を促しているのである。

3. 身体イメージ(body image)

身体イメージとは,広義には,自分のからだや身体的特徴に対して心に抱くイメージ,もしくは評価的な概念である。その形成は,視覚,聴覚,皮膚感覚,運動感覚など,さまざまな身体感覚の蓄積に加え,幼い頃から現在に至るまでのあらゆる心理的,社会的な経験との相互作用によって変容していくなど,きわめて多次元的なものである。

この身体イメージもまた,その人の存在感覚や自己意識を支える重要な基盤となっている。ここに自分のからだがあり,それを動かしたときの実感や対人関係など,主体的な活動の積み重ねから経験的に築かれた身体についてのイメージや概念が,自己というものが,今・現在,ここにこうして存在していると

いうことの最も確かな証となる。もし，この感じが希薄であったりするならば，たとえ毎日を何事もなく生活していたとしても，自己という存在について確信がもてるような充実した体験は得られないであろう。現実に則した健全で安定した身体イメージがもてているならば，その人が自己表現しようとするとき，それはいつの間にかからだも効果的に活用した表現力豊かな行動となって現れてくるものである。

（1）身体イメージの歪み

　乳幼児の身体イメージがどのように形成されるかについて，はっきりしたことはわかっていない。子どもが，自分のからだそのものを認識できるようになるのは，他者とは異なる自己の存在に気づき，それを起点に自己イメージを獲得していくプロセスとほぼ並行していることは想像できるが，からだに関するイメージ形成の具体的なメカニズムについては，子どもに直接調査することができないので，あくまでも推測の域にとどまる。ただ，子どもの全般的な自己イメージの内容が身体的な評価にも反映され，自己評価と身体評価は相関する傾向を示すであろうということ，そして，自分のからだのことをことさら気に病むようになったり，不満を募らせたりする思春期までには，身体イメージは確実に獲得されているということは言えよう。

　幼少時から築かれてきた身体イメージは，けっして固定的なものではない。輪郭は曖昧で，浮動的であり，ちょっとしたエピソードがきっかけになって変化してしまうことがあるし，思春期などの身体の成長期には不安定になるなど，発達過程の影響も受けやすい。もちろん，成育史の中でつくられた本人のパーソナリティや，家族環境，社会的な対人関係といった要因も無視できない。そこでもし本人が，身体の特定部分に強迫的にこだわり，過剰に反応して劣等意識を抱いたりすると，そのこだわりはやがて確信となって，悩みは深刻さを増していく。たとえば，自身は細身のからだであることは認めているのだが，胴回りや太もも，それに足首だけが異様に太いと思い込み，なんとも奇妙な身体イメージに悩まされている人がいたりする。また，脳の器質的障害によって生じてくる'身体イメージの障害'がある一方で，「手や足が自分のものという

感じがしない」「内臓がうまく動いていないような感覚」というように，離人症や心気症といった心理的な要因によって形成される種々の症状に身体イメージの問題が絡んで，それが顕在化してくる事例も少なくない．

思春期・青年期の女性に多い摂食障害などは，自分のからだに関する過度の意識の集中から，その部分の感覚や身体意識に歪みを生じさせ，結局，自分の身体イメージを正確に認識できなくなっている例の典型である．彼女たちは，体型は明らかにやせ細っているにもかかわらず，本人にとって

図Ⅱ-22　自己の身体イメージ

みれば「まだ太っている」「これくらいでちょうどいい」と感じていて，周囲には「私はやせ過ぎてはいない，もっとやせなければ」と頑固に主張し，際限のないやせる試みを繰り返したりする．そして，これと同時に体験しているのが，身体感覚の歪みである．つまり，空腹感や満腹感がなくなるという現象がほとんどのクライエントにみられるのである．食事を自ら強制的に制限してやせていく過程では，初めは空腹だと感じていても，さらに我慢する状態がつづくと，空腹感はほとんど感じなくなる．そのようなとき，今度はいくら食べても食べられそうな感じがして，満腹感もなくなってしまう．また，食べ物の摂取量が極端に少ないにもかかわらず，睡眠時間を削ってまで仕事や勉強に長時間集中し，過活動状態をつづけても疲労感はあまり感じない．場合によっては，痛みといった身体感覚も鈍感になっている人もいる．このように，自分のからだをきちんと感じとれない人にとって，他者のからだをうまく感じることがいかにむずかしいかは，容易に想像できよう．

図Ⅱ-22は，小学6年少女が描いた身体イメージである．身長は158cmあるにもかかわらず，体重は30kgをわずかに超えるほどしかなく，医学的な処置が必要として緊急入院してきた．ところが本人は，「そんな必要なんてないのに，親や医者に無理矢理，入院させられた」と，やり場のない怒りをあらわ

にぶつけている。この絵は、「私を描くね」と明言して描いたものである。顔にはかすかに微笑みさえ浮かべ、からだは確かに標準的な体型をしている。絵の中の彼女は、どう見てもやせ過ぎというわけではない。「だから私は問題ないのよ」と言わんばかりだが、全身に緊張感が張りつめていて、どこか痛々しい。入院当初は、深夜に病院を抜け出そうと何度も試み、素足で院内を走り回っていたというエピソードも残されている。

　身体イメージの歪みを考えるとき、もう一つ取り上げなければならないテーマに'自傷行為'の問題がある。自分の皮膚をナイフなどで繰り返し傷つけたり、タバコの火でやけどを負わせたり、大量に服薬するといった自傷行為は、統合失調症やうつ病にみられるような症状としての自傷と捉えられるものは別として、潜在的には若者の間でも想像以上に浸透していると思われる。しかも、境界性人格障害のようにあえて見えるところに自傷するのとは対照的に、その多くは自傷行為の痕跡を隠そうとする。そして、やがてそれは周囲に知られることになるのだが、それでも当初は自傷の事実を懸命に否定しようとする。「ずっと緊張感を抱えていたので、バレてちょっとほっとした」と、思わず漏らしたことばが本音であろう。

　自傷行為には緊張感と身体的苦痛を伴うが、それを実行して傷跡とか血などをみると、なぜか解放感や満足感、ときには安心感さえ生まれて、自虐的な衝動はずっと少なくなっている。自分はこんなに苦しい、つらいのだという思いを、身体的な苦痛に置き換えたとき、少しは心も和らぎ、自分を現実に引き戻してくれる。自傷行為には、からだを通して自己の存在を確認するという意味合いがあることは誰もが認めるところであるが、同時に、この自分を誰かに気づいて欲しいという切ない気持ちが潜在的にあることも、また事実である。本人にとっては、「からだを使ってまでも、この切実な思いを人に伝えたい」、あるいは「からだを使ってしか、心からの叫びは人には届かない」と、どこかで一途に思い込んでの表現なのかもしれない。

（２）容姿へのこだわり

　これまでの容姿に関する心理学的研究は、主に社会心理学の分野でなされて

きた。容姿をその人の自己概念を構成する一要素とし，それが他者との出会の場面でどのような影響を及ぼすかといったことの解明に主眼が置かれていたように思う。しかし，心理臨床の場で容姿についての悩みが語られるときは，クライエントには容姿の美醜が自身の存在価値の基準にさえなるとみなされたりしていて，それが対人恐怖やひきこもり，ときには自殺企図を試みるような深刻な苦悩を生みだすことにもなる。

　人とからだとのつき合いは多様である。人が自分の容姿にこだわるようになり，それがいわゆる醜形恐怖症と言われるような状況にまで追い込まれてしまうと，問題を解きほぐしていくのはそれほどたやすいことではなくなる。この醜形恐怖症状は神経症のケースに多く現れるものであるが，統合失調症やうつ病，それに心因反応や器質疾患など，多くの精神科的な疾患でも生じうるものである。したがって，その発症にかかわる要因として本人のパーソナリティ以外にも，家庭環境や社会・文化的な美的価値の影響など，数多くのことが考えられる。中でも「容姿へのこだわり」ということからすれば，やはり'自分のからだに向けられた，他者からのまなざし'という要因を考えないわけにはいかない。

　摂食障害や自傷行為といった症状にも，'人に見られるからだ'ということが強く関与しているということは否めない。ただそれ以上に，容姿の美醜へのこだわりを検討する際には，「人の目に映った自分のからだは，社会的な価値を反映して解釈されるに違いない」という本人の信念が一層クローズアップされることになる。つまり，自分の容姿という意識が成立する上で，他者のまなざしが大きく関与しているのであるが，それは他者の視点から自己を眺めていることにほかならない。そこでは，他者のフィルターを通して自分のからだを評価している主体としての自分に対する意識は薄れているのである。彼らにとって社会的に認められた美は，自分たちが世の中に受け容れられるための大きな拠り所であって，そうした先入観を反映した理想と現実の自分の容姿との乖離に苦しんでいるのである。

　したがって彼らは，自分がこうありたいと求めている具体的な容姿を，そう簡単には見出せはしない。いつも完全な姿ばかりを追い求めているので，理想を語ることはできても，'私のからだ'として納得できるようなモデルが身の

回りにあるとは思えない。いつも自分のからだには裏切られてきたからである。そうしたからだを通して自己表現しても，人の心に響くことはないと半ばあきらめ気味である。このような状況を反映してか，美容外科を希望する人の多くが，'自分をもっと美しくしたい' というよりも，'自信のない部位をふつうにしたい' という動機で訪れるという。無事に手術が済んでも，「所詮，人工的に手を加えたものだから」と，そのからだを自分のものとして受け容れられるようになるまでにはまだしばらくの時間が必要になる。

　こうしたクライエントとのセラピーで，最初のうちは「私の容姿のこと，良く思ってないにきまってる」と言わんばかりに，セラピストに厳しい疑いの視線を向けてくることはよくある。それでも，相互の人間的なかかわりが深まるにつれ，表面的な容姿のことが話題に上ることなどほとんどなくなっている。その理由は，まだどこかで容姿のことを気にはしているものの，関心はもっぱら自己の内面の様態に移り，その探求にかなりのエネルギーを注ぐことができるようになっているからである。

4．仮面（マスク）の効用

　個人が外界と折り合い，均衡を維持するための構えや姿勢を意味する，ユングのペルソナ（persona：仮面）という概念に触れることで，興味や関心が演劇や能，それに各地の民俗芸能や儀式などで用いられる仮面にまで広がっていった人はたくさんいるであろう。そもそもペルソナは，古典劇において役者が用いた仮面（マスク）を意味するラテン語に由来し，パーソナリティ（personality）の語源でもあるということであるが，それを知っただけでも，そこには意味深いものが多く内包されていると思わざるを得ない。仮面には，これを身につけることで外界との関係を遮断するという機能もあるが,反対に，仮面を通してこそ自己の内面をありのままに表現できたり，ときには仮面と自分のからだが一時的に融合し，両者が一体化したものとして新たに生き始めるということだって起こりうる。

日本の伝統芸能で仮面というと，すぐに能の面，つまり能面が連想されよう。室町時代の初めに，観阿弥と世阿弥の父子が将軍足利義満と出会って京都に進出し，そこで美しい歌や舞を取り入れた芸能として，今日の能につながる世界を確立している。能において面は，いわゆる仮面ではない。能役者にとって精神の核となる能面こそが，真実のオモテの顔であり，人の顔はそれに従属するものでしかないという捉えかたは，能における能面の位置づけとしてよく知られている。能面，特に女性を示す面は仮面劇の中でもどちらかというと小さい。つまり面をかけたときに役者の顎などが出るのだが，その役者の顔と能面が合致したところから'能役者としての顔'が出来上がり，そうした姿全体からみずみずしい生命力や輝きがあふれ出てくる。

　能面は，しっかりしたつくりでありながら，そこはかとなく「虚」や「空」のようなものを感じさせる。ところが，ときにそれが役者の演技によって喜怒哀楽を重ね合わせたような深い表情に生まれ変わったりする。能面は，見る角度によって表情が変わる。つまり能面は角度が大切なのであって，その扱いは能役者の技術によるのである。原田（2014）によれば，能面の動きには'テラス'と'クモラス'があって，「テラスは面をやや上へ向けて照らす，つまり心が晴れやかで，開かれた状況を示すときに用いる。それが，品良く見えるような位置は決まっているはずであるが，役者の身長や体格，手足の長さなどにも当然かかわってくる。それほど能面の動きとは，繊細である。クモラスはテラスとは逆の心情であり，動きとしては面をやや下に向け曇らすのである。淋しさや悲しみの感情などをこらえる場合に，用いることが多い。面を極端に激しく動かすことなどないが，心情として伝わることが大切なのである。実際の舞台では，手足と連動する面の微妙な演技によって表情に精彩が加えられている」ということになる。

　こうして人は，仮面をつけることによって変身を試みる。そのことで，いつもとは違う人物や想像上の生き物になったり，日常を脱した感覚を伴って無限の宇宙や魔界といった意外性の世界にも生きられるようになるのであって，それはからだ全体を使って表現される。

（1）ニュートラルマスク

1940年代からフランスを中心に活躍していた演出家であり，演劇教育者でもあるジャック・ルコック（Jacques Lecoq）が中心になって創作された仮面は，とてもユニークな特性を備えたものである。それはニュートラルマスク（中性面：neutral mask）と呼ばれるもので，文化的背景や価値観が大きく違うアーティストたちにとって，国や文化，それにことばの壁を越えて，自由に魂の交流ができるような普遍的な身体共通言語を探るという目的から生まれたものである。能面ともまた趣が異なり，穏やかな沈黙の中で感情を無化したような表情からは，今にも動きだしそうな存在感とともに無機質な空気さえ伝わってくる（図Ⅱ－23）。この矛盾するようなどうにも捉えどころのない感覚こそがまた，人の心を捉えるのであろう。

図Ⅱ－23　ニュートラルマスク
（提供：近藤春菜）

ジャック・ルコック国際演劇学校で長年訓練を重ね，現在は身体表現演劇を中心に世界中で公演を行っている近藤（2013）は，このニュートラルマスクに潜む魅力的な力についてつぎのように語っている。

> 葛藤のない精神状態。静寂，寛容，柔軟。何でも受け容れるし，何にでもなれる，そんな世界をたたえている。当然その仮面には，過去も記憶も，未来もヴィジョンもない。評価や野心や名前さえない。口はほんの少しあいていて，微妙に驚きのある表情。完全に左右対称なのではなく，ちょっとしたアンバランスも含んでいる。完全なシンメトリーでは動きが死んでしまうからである。仮面が動くためには，ほんの少しのアンバランスが必要なのである。

このニュートラルマスクへの最初のアプローチは，ただそれを眺めてみるこ

とである。つぎにそのものになってみる，それを体験してみるのである。つまり，「何もない役者」，「空っぽの器」になることを目指すのであるが，これがかなりの難関である。人はこれまでの半生で，その人に固有の考え方や感じ方，それに歩き方や姿勢などまで，たくさんの個人的な癖をしっかり身につけているからである。その上にいくら与えられた役（仮面）をつけても，上塗りしているだけにしかすぎず，そこからは何も新しいものは生まれてこない。むしろ，ニュートラルマスクをつけることでかえって，その人の内にある本質的なものが露呈してしまうのである。それでも訓練を繰り返し，余分なものをできる限り削ぎ落とすことができるようになったとき初めて，人種，文化，言語などの違いを超えた普遍的な表現が可能になり，新しい仮面，つまり新たな役を身につけて，それを生きることができるのだという。

　このニュートラルマスクを，大学院で臨床心理学を専攻する学生のワークショップに導入してみた。そして，この仮面をつけた自分の姿を，大きな鏡の中に見出したとき，誰もが一瞬，身動きできなくなってしまったのである。鬼の面とか，動物でもいい，その仮面のキャラクターがはっきりしていれば，それにあった動きをすればよいので戸惑うことはない。ところが中性的な仮面では，自分でも好きになれないような歪んだ姿勢とか雰囲気ばかりが際立ってしまい，どんなポーズをとってもわざとらしく感じられるだけであった。このニュートラルマスクに似合うのはやはり，心とからだから余分な力みや構えが抜けた，無理のない穏やかで自然な姿勢の他にはなかったのである。これは心理療法において，セラピストにつねに求められる態度，'無条件の肯定的配慮'や'セラピストの中立性'といったことと根源的には通じるところがある。クライエントが再び主体性を回復させることができるようになるための，セラピストという役割につまらなく固執することから解放された，'素の状態'のことである。しかもそれが，理想像として頭だけの生半可な理解に終わるのではなく，その実現のむずかしさを実感しながら，自分のからだで実際に体験してみる機会に巡りあえたということである。

（2）自分の仮面を作る

　一瞬であっても，仮面とからだが融合し，一体化することがあるならば，仮面は人が作った既成のものをつけるよりも，自分の手で作るほうがずっと意義あるものになる。仮面にはその人を変容させる力があり，内面を活性化させる力がある。仮面を装着することで，一旦はその人のアイデンティティを隠すが，そこからさらにその人の潜在的な能力や可能性を引き出してくれる。また，いつでも自分を異界へといざなってくれる。人からあてがわれたものではなく，どんなに稚拙であっても‘自分の仮面’を作る過程では，その仮面と対話をしながら，内面的には自分を保護し癒してくれるものとして，外界に対しては自分らしい表現を促してくれるものとなることを願って，仮面作りをしているであろう。こうしてその仮面は制作者にとって，自分だけの深遠で，愛おしいものになる。

　仮面作りに参加したのは精神科の入院病棟で，すでに寛解状態にあって社会復帰のための訓練を受けている人たちである。統合失調症が中心の集団で，いろいろな側面からリハビリのためのアプローチが試みられていた。その中に，対人関係のスキルを少しでも身につけてもらう目的で，ロールプレイングが組み込まれていた。これからの日常生活で，いつでも経験するであろう対人場面を設定し，そこで人とのやりとりを気軽に練習してもらおうと企画されたものである。たとえば，数人の友だちと公園に散歩に出かけるといった，どこにでもある平凡なシーンである。ところが実際には，リーダー的な存在の仲間が歩く方向に，みんなは会話もせずにただ黙々とついていくといったストーリーが展開されたのである。また，八百屋に夕飯の野菜を買いに行くといった設定では，「ニンジン３本とナスを２個」，…「ハイ」と，ほとんどの場面で必要最低限の会話しか交わされなかった。

　そこで，つぎからはそれぞれが自分の仮面をつくり，それをつけて演技してはどうか，と提案してみた。これにはかなりの人が関心を示してくれたので，画用紙と厚紙，段ボール紙，それにクレヨンやハサミとナイフ，髪の毛用の毛糸，耳にかける輪ゴムといったものを次回からは準備してのぞんだのである。みん

なは嬉しそうに自分の仮面作りに熱中している（図Ⅱ-24）。それは，自分の仮面と向かい合い，心の中で対話をしながら作っていくという，なんとも充実した時間であったに違いない。

そして，その仮面をつけて，さきほどと同じ場面設定では，

図Ⅱ-24　自作の仮面

> お客「こんばんわ」
> 店員「いらっしゃい，寒いですね」
> お客「ニンジン3本とナスを2個ください」
> 店員「ハイ，全部で430円です」
> お客「エ〜，……400円にまけてくれませんか」
> 店員「イヤ，イヤ，お客さん。……ムー，仕方ない，いいでしょう」
> お客「ありがとうございます」

と，会話は楽しそうにはずみ，展開していくように変化している。

一つのロールプレイングが終わり，仮面を外してその内側から現れた顔は，誰もが，心地よい安堵感に少しだけ自信が加味されたような表情をしていた。

5章　心身のリズムとの共鳴

1．響きあうこころとからだ

　あらゆるアート表現，ひいては自己表現の根源には，からだの動きがある。人はからだを通して自分自身を，さらには世界を経験している。私たちの多くは，このからだを動かすという表現様式を通して自分自身や他者，そして身のまわりの環境と常にかかわりをもち，交流をつづけている。たとえどんなに素晴らしい自己表現の原理を理解していたとしても，それが身についていなければ，表現を試みようとすればするほど，からだはますます硬くなるばかりである。

　人は誰でも，その人に固有の心身のリズムをもっている。好きなことに熱中しているときなどは，いつの間にか即興でメロディーを口ずさんでいたり，無意識にからだを動かしていたりするものである。これはその人の内にある，自分だけの心身の自然なリズムに基づいているのだが，だからといっていつでも，自分なりの動きやリズムを生かした心にぴったりする表現ができるというわけではない。どんなに好きな曲を聴いていたとしても，そのメロディーや展開までが，すべて自分にぴったり合っていることなどあり得ない。それが自分の心の主体的な表現を可能にする曲であることには違いないのだが，一人一人の瞬間的な心の動きは，それだけではとうていすくい切れないほど多様だからである。たいていは，私たちのほうからその曲に同調したり身をゆだねようとしているところもあるわけで，そうであってもけっして不自然ではない。やがてそれは，自分らしいリズムや流れを生かした洗練された表現へと変貌していくか

らである。

　これがさらに，心理療法におけるクライエントとセラピストというような，人と人との関係性から相互の心身リズムの展開まで視野に入れると，様相はにわかに複雑になってくる。当然，セラピストには，それぞれのクライエントに特有の心身の動きやリズムを見出し，これにうまく協応していくかかわりが求められる。たとえクライエントにつらい悩みがあり，その悩ましい身体表情や頭を抱えてふさぎこんでしまいそうな苦悶のリズムにも，できる限り共感的に対応していかなければならないのである。こうして，クライエントのゆっくりした変化の流れに添って，その動きやリズムにうまく協応していると，クライエントの動きはしだいに解発され，心身のしこりは薄れて，調和のとれた動きやリズムが回復してくるようになる。このプロセスは，対話面接でいう"共感的なうなずきや応答"とまったく同じ原理である。ただ，それでもやはりクライエントは，セラピストが提供してくれている動きやリズムに，「自分を合わせてしまっている」「ゆだねている」といった感覚が，どこかで解放されないままに残っていることがあるのも事実であろう。セラピストの協応的な応答が，クライエントの心身のリズムに対して完全なシンクロニシティ（同期性）を備えていることなど，まずあり得ないからである。

（１）ある体験実習

　これは，カウンセラーの研修で，心身のリズムに関連した体験実習として用いられる技法の一部である。参加メンバーはペアーを組み，図Ⅱ－25－Ａの

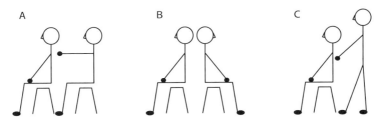

図Ⅱ－25　心身のリズムの体験実習

ように一方が後ろから相手方の背中に手を置き，互いに閉眼して手のひらの接触面から相手のことを感じ取ろうとする。しかも無言でこれを行うので，暗闇の中で相手のことを感じ取れる手がかりは，手のひらから伝わってくる感触だけであり，2人とも自然とそこに意識が集中する。その中で最も信頼できる手がかりは心臓の鼓動であろうが，接触面の圧力もお互いの気持ちを確かめる貴重な助けとなる。できるだけしっかり接触して相手を感じようとしているのか，あるいは軽く触れるだけで少々および腰になっているのかといった具合である。これを交互に行った後で，つぎはお互いが後ろ向きになって背中全体を合せ，そこから相手を感じ取ろうとする課題である（図Ⅱ-25-B）。前よりもパートナーを感じられる手がかりは，からだの温もりなども加わったので，ずっと増えている。こうして，その感覚をしばらく味わってから，「そのままで，からだを少しずつ揺らし始め，いずれは2人にとって心地よい動きを見つけてください」と教示する。最初は，「自分が動くと，相手の自然な流れを邪魔してしまうのでは」と思って躊躇したりするが，しばらくすると2人の間で自然に調整がはたらくようになり，そこから新しい動きとリズムが生まれてくるようになる。「2人で一緒に動いているんだと思えるようになったら，からだの緊張がスーとほどけてきたように感じられた」といった内省が聞かれるのも，この段階である。

　こうしてつぎには，あえてそのペアーに「セラピスト」と「クライエント」という役割を与え，いくつかの課題を体験してもらうことになる。クライエント役は椅子に座って閉眼している。セラピスト役の人は，その後ろに立ってクライエントの肩にそっと両手を置く（図Ⅱ-25-C）。ここでセラピストには，「からだを徐々に揺らしてあげて，クライエント独自のからだの動きやリズムを見つけられるように，サポートしてあげてください」と教示する。セラピスト役は相手の姿勢を見て雰囲気を捉えたり，わずかな息づかいやからだの動きを察知しながらポイントとなるリズムを探して静かにからだを揺らし始める。ただし，自分に固有の動きやリズムをつむぎ出すのは，あくまでもクライエント役の主体性にゆだねられている。この課題はこれまでの相互の体験の積み重ねがあるので，クライエント役に自然な動きが現れるようになるまでにはそれほどの時間はかからない。

ただ，ここで注目すべきことは，クライエント役の人が，セラピスト役に対する依存性や深い信頼感に目覚めるといった体験をした例もあるが，その多くはやはりお互いが「どこかで相手に合わせている，まかせている」といった自覚をわずかではあっても確実にもっているということである。そして同時に，その過程でお互いの動きやリズムが合致していると感じられた瞬間は，何ら思考を介することなく，相手の気持ちや意図は直接からだを通して読み取れていると思えるということである。これは，相互コミュニケーションの積み重ねからしだいに相手を理解していくというのとは違い，他者と身体的に向き合うことにより，その人のからだの動きやリズムから直接相手のことや自分自身のことを感受できる一瞬があるということを意味している。そこでもし2人の間で，からだを通してこのような生き生きとした豊かな関係性が成立するならば，大切なのはそうした体験から一体感や同期性がどれほど感じられるようになったかではなく，それを目指して相互に真剣にかかわっていく姿勢やプロセスそのものにこそ意義があるということになる。

2．ダンス／ムーブメント・セラピー

　ダンス／ムーブメント・セラピー（dance/movement therapy）では，ダンスやムーブメント（身体動作）を通して心身の深淵から生ずる感情や欲求，感覚を感じ取り，これを身体を用いて表現し調和させることにより，非言語の次元から心理的成長や治癒をもたらすことを目指している。人はずっと昔から，嬉しかったら踊るし，悲しくても踊る。秋の収穫や婚礼のときも踊るし，戦いに臨むときや人の死に直面した時も踊る。からだはもともと，'動く'ことを望んでいるのである。喜びや悲しみ，怒りや不安，それに葛藤や疲労といったものを動くことで解放させたり，抑えたり，癒したりできるのは，そもそもからだに備わった能力のなせる業である。すなわち，からだの動きは人間の存在における根源であって，さまざまに複雑な感情や欲求は，からだによって実感され，からだを通して表現されているのである。

ことばがまだコミュニケーションの手段として発達していなかった時代，人類は顔の表情やからだの動き，声の調子や大きさなどによって自分を表現したり相手を感じ取ったりして，多様な身体言語を生みだしてきた。同じように，まだしゃべれない幼い子どもも，微笑んだり，手足をバタバタさせたり，からだを揺すったり，それに声のトーンを変えたりすることが，嬉しさや楽しさの表現のすべてになっている。しかし，これがやて成長とともにことばを獲得するようになると，複雑な感情や思考，欲求といったものを表現するのに，からだをうまく使うことはおろそかになってしまう。そもそもダンスや身体動作には，ことばではうまく伝えられないような微妙な思いやニュアンスをも表現できるだけの可能性が秘められているのであるから，これを再び復活させ，心理療法に効果的に活用して新たな表現の仕方を見出していこうとするのが，ダンス／ムーブメント・セラピーである。

（1）基本的な技法

目を閉じて，自分の内面やからだに注意を払い，しばらくの間，何かが動きだすのを静かに待つ。目を閉じているので，人の視線や動作を気にする必要がないので，その分，自身の心やからだに集中しやすくなっている。やがて，その何かが動き始める。それはあるイメージかも知れないし，過去の夢や記憶，場合によっては身体感覚であったりする。こうした内なる声や動きに任せていると，これに呼応するかのようにからだを動かしたくなったり，声を出したくなったりするであろう。このように，自分の内的世界の流れやからだの動きにさからわずに，身も心もあずけておくことができるならば，いつしか首や腰など，からだの特定の部位から考えられないほどの痛みやコリが感じられたり，人前で強い不安感や緊張感とともに，奥歯をしっかり噛み締めている自分を発見したりする。そのような自分の状態から目をそむけたり，否定することなく，ゆったりとした気持ちで向き合っていると，やがてはそれが緩み始め，心とからだがともに静かに解き放たれていく感じ，満たされていく感じが蘇ってくるのが実感できるようになる。

この一連のプロセスは，ダンス／ムーブメント・セラピーが目指すからだの

究極の体験であろう。あとはセラピストがその実現のために，具体的にどのような技法を導入したり，柔軟な工夫を加えていくかである。それゆえに，セラピーで実際に用いられる技法は，基本形はあるもののセラピストによって千差万別となる。集団で実施するのなら，意義ある相互作用が展開されやすいように，参加者は5〜10名が適当と考えられている。まずは，参加者が動き出しやすいように，身体的な意識を高めるためのウォーミングアップをしてから主要な技法に入っていく。音楽は参加者の自然な流れと構造化された動きを促進し，さらに発展していくのを助けるようなものが随時選曲される。振り付けも同様で，原則的には即興なので，セラピストのダンスや身体動作に関するレパートリーの広さやセンスが問われる。また，音楽家に来てもらい，即興で伴奏をつけてもらったり，あえて声を自由に出してもらったり，ボールや風船といった小道具を使うこともある。

　いずれにせよ，最も重視されるのは，特定の振り付けのない，参加者独自の自発的で自然な自己表現・自己表出としての動きである。そのために本人は，自分のからだの感覚をしっかりと感じとれなければならない。たとえどれほど萎縮していたり停滞した動きであっても，それが今の自分自身の現状として，目をそむけることなく受けとめることが大切で，そこからさらに，個性的で自由な動きが芽生えてくる。

　たとえば，集団のダンス／ムーブメント・セラピーへの導入として，音楽を流し，各々に自由に動いてもらうセッションがある。最初のうちは，それぞれの動きはばらばらでぎこちない。しばらくして音楽もアップテンポなものに変わり，参加者も慣れてくると，即興的な新しい動きがでてくるようになる。いつの間にか皆と歩調をあわせて開放的な気分で歩いていたり，同じようなリズムで軽快にからだを動かしている中で，各人は，参加者同士の相互作用を生かしながらも独自の動きができるようになり，人との間の取り方にもその人なりの特徴が認められるようになる。とはいえ，このように集団の流れにうまく調和した動きを身につけられる人がいる反面，どうしてもテンポが皆と合わずに，からだがこわばってしまって，その場になじめずにいる人もいる。しかしそれは，その人に独自のからだの動きやリズムがまだ解発されていないだけであることも多く，これらはすべてが，自己を知るための貴重な体験となりうるので

ある。

（2）効果と適応

　ダンス／ムーブメント・セラピーは，ダンスや身体動作といった非言語的な手段を介して，自由な身体表現を促し，自己の心身の回復や成長を目指すとされる。したがってそこからは，身体への感受性の高まりによって気づきが生まれ，からだの緊張や歪みの解放にともなって自己の感情や欲求，思考への現実に則した認識がもたらされることが予見されるが，さらには他者や外界との親和的な関係が形成されるようになることも期待される。具体的な効果に関する研究は，これまでにも主に実践研究の中で多面的に検討されていて，注目に値する知見も多く導きだされている。

　鍛治（2002；2007）は自己イメージと身体イメージの変容を中心に，精神科入院および外来デイケアのクライエントを対象にした集団でのセラピー実践で，もう一つは，10名の一般成人に対して原則週1回，10回継続の個別による体験実習によってその効果を分析している。

　まず，病院で2ヵ月間実施された集団のセッションでは，有効回答数は26（平均年齢36.7歳．男性10，女性16）で，その内訳は統合失調症15，躁うつ病3，摂食障害3，境界型人格障害2，回避性人格障害2，それに抑うつ神経症1であった。評定の結果について，まず自己イメージでは，①安定感：のびのびした，朗らかな，など，②充実感：意欲的な，充実した，など，③自己理解：自分が好き，理解できる，など，それに④主体性：積極的な，大胆な，などと，5因子中4つの因子で，1％水準で有意差が見られ，いずれもポジティブな方向に評定は変化していた。また身体イメージ（2因子構造）では，①力動性因子：力のある，くつろいだ，と，②評価因子：生き生きした，健康な，の両因子で，こちらも5％水準でポジティブな方向に変化していることが認められている。さらに考察では，「身体イメージは上昇したが，自己イメージは低下した事例」および「自己イメージは上昇したにもかかわらず，身体イメージが低下した事例」についても，丹念な事例的検討が行われている。

　一方，一般成人を対象にした10回連続のセッションでは，セッションの前

後に行った評定値について，自己イメージに関しては10％水準で有意傾向が認められたものの，身体イメージについては明確な変化は見られていない。ただ，ダンス／ムーブメント・セラピーを経験したクライエントの感想報告をもとに，その体験過程を評定することを目的に尺度を作成し，これに基づいて毎回，参加者の感想の逐語録を3人のダンス・セラピストに個別に評定してもらったところ，回を重ねるにつれ，参加者の語る感想には個人的な体験や感情に言及したものが増えていくことが確認されている。

このようにダンス／ムーブメント・セラピーは，ダンス・セラピーに関する理論と技法を身につけたセラピストさえいれば，おおがかりな設備や機器をあえて準備する必要はなく，どこでも簡単に実施することができる。場合によっては気軽にからだを揺すって気持ち良さを味わったり，落ち着くような動作を見つけるところから始めてもよいわけで，その効果は身体イメージだけではなく，自己イメージにも波及していく。対象としては子どもから青年や高齢者，それに心身に何らかのハンディキャップをもつ人まで，ほとんどすべてが含まれるので，心理や教育，医療，福祉の各分野で導入されるようになり，その適応範囲は広い。

3．音楽療法

音楽療法（music therapy）も，心身のリズムに基づいた治療法という観点からすると，各種の身体運動療法とも共通の要素をもつ。特に音楽療法では，音楽という非言語的なコミュニケーション媒体を用いて，そこに内在する心理的・生理的作用を活用して心身の緊張を和らげ，悩みや障害の改善を図り，生活の質を向上させていくことを目的としている。音楽の基本要素はリズム，メロディー，音色，ピッチ，テンポといったものであるが，これによって構成される音楽は抽象的であるがゆえに内的世界を刺激して活性化させ，情動の直接的発散をもたらし，身体運動をも誘発する。本人の気持ちや心身のリズムにあった適切な音楽を使用することにより人は安らぎを得て，心身の生命力を回復

させ，人間性をも解放させることができるのである。つまりこれは，音楽の聞き手が，自分の気分や心理状態にあった曲を聴くことで，心理的な改善効果が得られるということであり，このアルトシューラー（Altshuler, I. M.）が提唱した'同質の原理'は音楽療法の基本的な理念として尊重されている。同時にまた，聞き手に取って異質な音楽も，その人の心を新たに刺激して揺り動かし，これまであまり慣れ親しんではこなかった新鮮な世界や感情へといざなってもくれるのである。

坂上（2008）は，音楽療法のこれからの可能性として，3つの特筆すべき動きをあげている。まずその一つは，脳科学を基礎とした音楽療法である。パーキンソン病や脳梗塞後遺症，外傷性脳損傷，それに脳性麻痺といった神経学的な疾患や損傷をもつクライエントに対して，感覚運動や言語，認知機能のリハビリテーション活動に音楽を導入することによって，脳機能の回復を促進させようとするものである。このように脳科学に基礎を置く治療的実践は，新しい可能性を切り開く動向として，注目に値する。もう一つは，音楽中心音楽療法とでも言うべき活動である。これは従来の音楽療法が，音楽を用いてさまざまな臨床的課題の改善を図ることを目的にしていたのとは異なり，音楽独自の体験と表現の達成そのものに治療実践の目標を置くユニークなアプローチである。たとえば歌をマスターするのでもよい，あるいは楽器の演奏を上達させるのでもよい。ひたすらそれに集中して技術的・質的に向上させることが認知機能を高め，適応力を養うことができるという考えに基づいている。

そして最後が，文化中心音楽療法と呼ばれる考え方である。心身のハンディキャップや病いは，現実の人間関係や複雑な社会という文脈から切り離して捉えることはできない。そうだとすれば，治療も特定の施設内での音楽グループとか，クライエントとセラピストという二者関係の中でだけ行われるのではなく，個人を取り巻く家族や社会，場合によっては行政や国家にいたるまでを音楽活動の対象として捉えていこうとする動きが必要になってくる。ある意味これは，たくさんの音楽仲間と出会い，コミュニティとかかわりをもちながら多様な音楽活動を通して人々の音楽や障害者に対する考え方も変えていこうとする，社会参加型の文化的な運動ということになる。

（1）受動的アプローチ

　では，実際に音楽療法はいかなる形式によって行われるのであろうか。ごく一般的には，心が休まるような既成の音楽を聴くという受け身的な方法，いわゆる音楽鑑賞がある。セラピストと同じ曲を聴いているという共通体験意識も働いて，音楽による感情誘発効果は一層高められる。最初は感情の鎮静効果が期待できるような音楽を導入するところから始まり，やがては精神的な活動を促すような曲へと移行させていく。

　ただ，セラピストがいかに参加者の気分にピッタリした曲を選んだとしても，それが本当に自己の流れや心身のリズムに一致した曲であるとは限らない。作曲家の心の流れと，それを聴く人の心の流れとは明らかに異なるし，本人がもう少しそのメロディに浸っていたいと思っても，曲の方はどんどん先に展開していってしまう。そこで理想的には，演奏者がそのときの対象者の心身のリズムにピッタリするようなメロディを即興的に演奏していくことなのだが，治療場面でそのような状況を継続して設定すること自体が，人員的にも経済的にもなかなかむずかしい。

（2）能動的アプローチ

　もう一つは，自らが積極的に歌唱したり，楽器を演奏したりと，音楽に能動的にかかわっていく方法で，個人療法にも集団療法にも導入が可能で，ダンスや身体運動と併用されることも多い。音楽を「聴く」というのと，「歌う」「奏でる」というのでは，音楽の「受け手」になるというのと，「送り手」になるというほどの立ち位置に違いがある。歌唱であれ，楽器演奏であれ，どちらも人前で自己を表現することを前提とした創造的行為であるから，人目にさらされることの不安や抵抗に打ち勝ち，音楽表現の楽しさや喜びが感じられるようになってからは，それをやり終えたときの成就感や達成感には格別のものがあろう。とりわけ歌唱は，楽器演奏と比べると，自分の生の声を出すということから自己表出ははるかに直接的である。また，音楽にはいつも身体行動が伴う。

歌うためには口や喉，横隔膜を動かさなければならないし，目や耳，手足など，さまざまな器官との複雑な協応運動も必要になるので，それだけ全身を使って自己表現しているという実感は確かなものになる。

　一人で歌ったり，演奏したりするのに抵抗感，拒否感が強い人には，もちろん合唱や合奏という手段がある。これには集団が隠れみのになって，個人があらわになるのが半減されるという利点がある。これに加え，他の人と歩調を合わせて協調しつつ，自分のパートを任されて役割意識も満足されるということで，集団としての凝集性を高めることもできる。合唱などは多人数で比較的簡便に行えるし，親しみやすいので，老人施設や精神科デイケアなどでのリクリエーションとしてかなり実践されている。

　また，誰もが知っている音楽を歌ったり，奏でたりするのではなく，即興による音楽表現は，場合によっては既成の音楽の形式を超えることがあるので，それだけ危険性を伴うと言われている。ただ，それによって今だ眠っている個人の潜在力が引き出される可能性もあるわけで，もし即興によって人には物真似できない自分流のリズムや流れに添った自己表現ができたときなどは，予想以上の治療効果を生むであろう。

　統合失調症を中心とする病院の解放病棟で，皆で歌を歌ったり簡単な楽器を演奏したりする音楽グループが週１回のペースで行われていた。その内に，誰からともなく「自分たちで歌の伴奏をしてみたい」という声があがるようになったのである。聞いてみると，以前はドラムやサックスのプロとして活躍していた人，幼い頃からピアノやバイオリンを習っていた人，それに趣味でギターやフルートなどを練習していた人たちがいることがわかったのである。そこですぐに楽器がかき集められ，年末のクリスマス会で歌の伴奏ができるようになることを目標に練習が始まった。ところが，予定していた課題曲などはすぐにマスターしてしまい，「もっと楽しむために，それぞれのパートで何小節か即興を入れては」という意見が出された。この提案には懸念を示す病院のスタッフもいたが，あえて導入してみると，即興演奏のときほど演奏者だけでなく，聴き手である音楽グループの参加者までが喜々として音楽に合わせて手拍子を打ったりからだを揺らせたりしているのである。即興で演奏しているときは，誰もが他のメンバーのメロディやリズムを意識し，それと共鳴させながら思い

思いの演奏を楽しんでいて，そうした全体の流れを壊すような突出した動きは誰からも見られなかった。即興で奏でられる音楽は，誰の心にも心地よく響いてくるような，素朴でしかもいつまでも強く印象づけられるものであった。クリスマス会が終わっても，このバンドの練習や院内でのコンサートはしばらくの間つづけられていた。

6章　自己を物語る

1．「物語る」ことと「聴く」こと

　人は物語が好きである。むしろ「必要としている」と言ったほうが，より的確な表現なのかもしれない。神話や民話，昔話などの口頭伝承による話に加え，話の筋をもった散文形式の創作作品などを，想像を巡らせながら聴いたり，読んだり，語ったり，作ったりして，日常の現実から離れた体験の空間を広げ，心を解放させることができる。私たちは数多くの物語に囲まれて生きているが，これは自分自身についても同様で，心の中でも絶えず自己の物語を作っているのである。誰でも数えきれないほどの多様な経験を背負って生きているわけだが，それを思い出すときや人に語るときは，そのあやふやな経験の一つ一つを認識し，それらがつながりをもったものとして意味づけ，筋書きをつけて組み合わせていく。このようにして編み上げられた物語的な文脈がなければ，人は自己を一つの実態をもった存在として認識したり，語ることはできないのである。

　自己は，自分自身について物語ることを通して生みだされるのであるが，このとき引き合いにだされる自己にまつわる過去のエピソードは，肯定的なイメージにせよ，否定的なイメージにせよ，最初から自分はこんな人物であるというものがあって，そうした人物像が物語性をもって浮かび上がるようなエピソードが選択され，これをうまく組み合わせることによって感情を込めて熱く語ることができる。私たちが過去のあるエピソードを記憶していたり，想起できるのは，そこに何らかの意味や物語性が付与されていたからであり，現実を経

験するというときも，現実そのものを経験しているわけではなく，私たちが現実に与えた意味を通して経験しているのである．したがって，現実生活を生きるということは，自己の物語を生きるということでもあり，もし，語っているときに実感がもち得ないというならば，それは自己の物語がまだはっきりとは描けていなかったり，自分なりの意味が明確に自覚できていないからである．自発的に創作された物語には，自分の複雑な心のうちが文脈の中にみごとに織り込まれ，それは単なることばの羅列や説明とは違い，どうしても伝えたい何かを表現するという目的にかなった表現様式の一つになっている．こうして独自の物語が見えてきたなら，それは自分がこれから進むべき道を指し示しているのであり，どんな苦難が予想されても，可能性に向けて着実な一歩を踏み出すことになる．

　この物語の生成は，聴き手との関係によっても大きく左右される．個人が意味深い物語をつむぎだすことは，そうたやすくできるものではなく，そこには聴き手の存在がどうしても必要になってくるのである．その聞き手は他者であったり，ときには自分自身であったりするのだが，いずれにせよ物語は語り手と聴き手が共同で作り上げていくものであり，それだからこそ意味がある．したがって，否が応でも聞き手はその物語に参加することになるが，聴き手自身も心に物語の筋立てが自分なりに描けていなければ聴くことはできない．つまり，「物語る」「聴く」という行為そのものが，自己を再構築していくプロセスにほかならないのである．

（1）心理臨床における物語

　学派，技法を問わず，心理療法の実践においてクライエントの内面にアプローチし，それを理解していこうとする過程では，クライエントが抱えている物語は当然のごとく情報収集の貴重な資料として活用されている．クライエントの生活歴や問題の発症状況，それに現在の生活状態や社会の中で担っている役割，対人関係といったものを総合的に把握するために，彼らの物語を聴くということは欠かせない条件となっているからである．心理療法では，クライエントに自らの内的世界を話してもらうのではなく，語ってもらっている．ただ，

自分を語ることはけっしてたやすいことではないし,「ことばで語ろうにも,どうしても語り切れない何か」は,常に心の内に残したままに置かれるということは前提である。ましてや,語りの内容からセラピストがクライエントのことを理解するには限界があるが,どのような体験をもったかよりも,それをどのように認識し意味づけたか,つまり物語としていかに自分自身に語っているかという内容に,クライエントの感情,欲求,思考といったものが具体的に,しかもリアリティをもって表現されるのであるから,こうした点に細心の注意を払って聴き取ることが必要とされる。

こうしたことからすれば,物語ることと聴くことは,心理療法を構成する基本的な単位ということになる。たとえば精神分析では,現在の問題状況を幼少時の体験との関連性から解きほぐしていこうとする試みも,重要な治療的アプローチの一つとして着目されてきた。成育歴のエピソードの多くが,必ずしも物語化されているとは限らないが,個人にとって意味あるエピソードは,たいていが物語として心の内に収められていて,それを語ってもらうことはクライエントにとって内的世界の貴重な開示となるとともに,双方にとっても意義深い体験になりうる。とりわけ,慎重な治療的配慮が要求されつつも,心的外傷体験に類するようなエピソードの語りなどはその典型であるが,「心的現実」といった概念も同じように位置づけられよう。

父親はギャンブルに明け暮れてめったに家には帰らず,母親も長いこと体調が優れずに臥せっている家族にあって,一人っ子の男児は淋しい思いで毎日を送っていた。ある休日,隣に住むおばさんがその子の様子を見かねて,動物園に連れていってくれ,帰りにはデパートでお子様ランチをご馳走してくれたのである。どんなに楽しい体験であったのだろうか,早速,翌日には保育園で「昨日,お母さんと動物園にいって,お子様ランチも食べたんだよ」と皆に得意げに話していたという。ただ,保育士の間では,「この子は嘘をついているのでは?」と話題になったようであるが,一方的にそう決めつけるわけにはいかない。この子にとってこれが動かしがたい心的現実なのであって,自分を元気づけてくれる大切な物語であったに違いない。

また,クライエント中心療法において,自己理論の中核として位置づけられている自分自身についての概念やイメージとしての「自己概念」,それに認知

療法や認知行動療法でしばしば問題として扱われる，その人の内的な媒介過程である「認知や思考の歪み」といったものも，基本的には個々人によって築きあげられた物語によって構成されたものであると捉えることができる。したがって'無条件の肯定的な配慮'とか'共感的理解'といった，セラピストに求められる治療的態度も，見方を変えれば，セラピストが傍らにいて，クライエントが自己の物語を語ったり，それを自分の物語として受け容れられるようになることを促す重要な技法として位置づけることも可能である。

　セラピストもクライエントの物語を聴きながら，その文脈に添って自分なりの筋立てを作っている。そうでないとクライエントの語りに意識を集中させたり，想像力を働かせて聴くことはできないし，2人の間から思わぬ産物を生み出すこともかなわない。そして，それゆえにこそ，クライエントの感じていること，言いたいことと，セラピストの理解との間にはさまざまなズレが生じたりすることもあるが，そこから自然な問いかけが生まれるであろうし，原理的にはお互いが築いた物語を現実に，あるいは事実に即して修正すればよいだけのことであるから，筋立てを少々変えることにそれほどの抵抗感はもたずに済むはずである。また，もしセラピストがクライエントの語りに筋立てを求めすぎたりしたならば，その期待に添えないことにクライエントは困惑し，さらに傷を深めることになってしまう恐れもある。クライエントが物語を自分の心に収まるようなふさわしいものに修正したり，新たな物語をつむぎ出せるように援助することこそが，セラピストが果たすべき役割なのである。

（2）自己の物語の構造と機能

　自己にまつわる過去のエピソードばかりでなく，最近経験した出来事について語るときも，物語にはいつも「語り手である自分」と，「語られる主人公の自分」という2つの基準となる視点が内包されている。クライエントが以前，大勢の前で自分の考えを発表しなければならないとき，緊張のあまり声が出なくなり，無言のまましばらくその場に立ち尽くしていた体験を語っているとき，その主人公のどうしようもできないつらい気持ちを語りながら，同時に，「事前に何度も練習したのにね，頑張ったのに悔しいですよ，もうあんな思いはしたくな

いですね」と，語り手の思いも織り交ぜて語っているのである。これは楽しいエピソードについても同じで，ずっと憧れていた美しい北欧の街を思い切って一人旅したとき，解放感と充実感に満たされていた経験とともに，「私もよくやりましたよね，これで現状から一歩前に進めたように思います」と語ったりする。このことから，物語は経験を構造化するだけでなく，語り手と主人公それぞれ独自の視点を生みだしていることがわかる。これにより，人が自己を語るときには，内面では2人の自分の間で適度な距離が生まれる。たとえ語り手にとってはつらく厳しい過去のエピソードも，それを主人公の体験としてなら，あまり躊躇することなく語ることができるようになるだろうし，反対に，主人公との距離を縮めることで，語り手もともに充実感や解放感に浸り，自信を取り戻すこともできる。

　物語の多くはまた，一つのエピソードや経験から成り立っていることはほとんどなく，たいていはいくつかのものを結びつけて圧縮されたり，統合されたりして，その人にふさわしいストーリーを作りだしている。その過程では，たとえ個々のエピソードや体験が矛盾し飛躍の多い内容を含んでいたとしても，それはその人の中で全体として秩序立てられ，新たに現実味のある豊かな意味も付加されて，本人にとって受け容れられやすい自分の物語へと変貌していくのである。

　26歳の男性ピアニスト。普段から無限の宇宙や神秘体験といったものに興味をもっていたが，面接の中でつぎのような物語を語ってくれた。深夜，一人で死後の世界について思いを巡らせていたとき，'夢とも幻覚ともいえないような感覚'で，「広漠とした荒野に独りたたずみ，空にひときわ輝く2つの星を見ていた。すると突然，その星が鋭い閃光を放って宇宙のかなたに消えたかと思うと，一瞬にしてすべてが無になってしまった。… このとき自分は死んだと実感した … やがてオーケストラの奏でる荘厳な交響曲のみが聞こえ，何千年も時間が経過したように感じられた。するとそこにはいつの間にか大自然が出現し，周囲には慈悲の心が満ち満ちている。自分はその大自然に抱かれ，まわりには自分の分身とも思える多くの人間がいて，流れるようなリズム感と自由奔放さがある。この深い安定感とともに自分は生きかえったと確信した」というものである。

実はこの物語は，主に2つの体験が結びついて一つのストーリーに仕上がっている。前半の‘世界が崩壊し自分も死を迎える’という体験と，後半の‘大自然に抱かれて生きかえる’というのは，それぞれ別の時期に体験しているのである。前半の個を超えた絶対的な力を前に，なす術もなくすべてが無に帰してしまう無力さに直面して，主体性を奪われてしまうことへの恐怖感をかなり抱いたようで，それから2～3週間はこのことが頭から離れなかったという。そして，これとはある意味正反対の物語が後半のもので，宇宙や自然との一体感，生命性・普遍性の体感，この圧倒的な体験をしてからは，彼に大きな衝撃を与えた2つの物語が交互に心を占めるようになり，矛盾を含んだ混沌とした状態がしばらくつづいたようである。やがてこの物語を心の中で反芻するとともに，セラピストにも断片的に話していくうちに，双方のストーリーは少しずつつながるようになり，ついには無理のない一つの物語としての形を成すまでになっている。本人はこれに‘死と再生の物語’と命名し，これを機に日常生活でもしばらくの間は，人や自然が生き生きと鮮明に感じられるようになったと報告している。

　「自分とは何者か」という自身に対する問いかけには，これまでどんな人生を送ってきたかを具体的に振り返り，現在の状況を反芻することによって，答えを求めていくことになる。そこから，これからどんな人生を送りたいのかという，自分が望む将来の方向性もおのずと浮かび上がってくる。その場合，私たちは過去のエピソードや経験をすべて取り上げているわけではなく，本人なりの視座からその一部を恣意的に取捨選択し，これを一定の筋に沿って配列して自分史の中につむぎ合わせているのである。こうしてその個人のアイデンティティの基となる自己物語が産み出されるわけだが，実際には，‘以前のエピソードや経験’について‘今の自分’が選択し，それによって人に自分を理解してもらうために，あるいは自分自身が受け容れられるように意味づけ，ストーリー性をもたせて語っているのである。すなわち，過去の経験は想起時の自己物語の枠組みによって能動的に再構成されるのであって，今の自分が，そのつど新しいアイデンティティを構築していることになる。

　言うまでもなく，心理療法の過程でもクライエントは，これまでの無数のエピソードや経験の中から任意に選択し，これを自分なりに配列してセラピスト

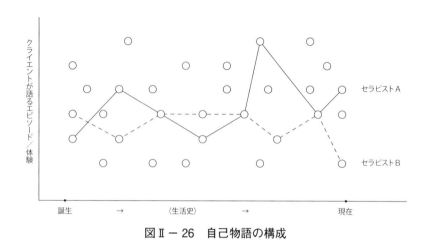

図Ⅱ－26　自己物語の構成

に語っている。このとき，どんな事柄をどのように語るかは，クライエントとセラピストの相互作用によって左右される面が大きい。つまり，クライエントの自己物語の創造は，セラピストとの語りの場でつくられるのであり，セラピストによってクライエントが語る（選択する）エピソードや体験が微妙に異なっていたり，同じ事柄でも表現されるニュアンスに深い感情が込められていたり，反対に表層的・説明的であったりするのである（図Ⅱ－26）。たとえば，セラピストAとの面接でクライエントは，自分が抱えているテーマや問題が鮮明になり，そこから新たな意味を見出すことができたが，もしこれがセラピストBであったなら，そこまでの展開は望めなかったかもしれないということは，いくらでも起こりうる。しかもこれは，客観的な検証のしようがない。往々にしてセラピストは「これが，このクライエントが抱いている独自の自己物語である」と，固定的に捉えて安心してしまい，それが2人の関係性いかんによっていかようにも変容しうるものであるという寛容な認識や柔軟な発想が，なかなかもちづらいのである。

（3）体験の語り直し

81歳，女性。2人の子どもはすでに独立し，別に家庭をもっている。6年

前に弁護士だった夫も亡くなり，それからは広い家に独り暮らし。予約もなしで突然面接室を訪れ，心理面接についての説明などほとんど意に介さない様子で，椅子に座るなり自分の生い立ちを語り始める。少し思いつめている雰囲気はあるが，あまり感情的にはならず，しっかりした語り口調で，年齢よりはずっと若い印象を与える。古いアルバムや過去に夫や家族とやり取りした手紙，それに折々の記念となる資料やパンフレットなどがぎっしり詰まった大きな紙袋を2つ持参している。

　ここ数年，いろいろな思いが心に浮かぶが，すぐに淡雪のように消えてしまい，新しい確かなものは何も残らず，いつもの堂々巡りの感じだったという。初回は記録しておくためにメモを書いていたが，2回目からメモも取らずに自分史の語りだけに集中する。次の回までの1週間の間に，これまでの半生の記憶を呼び戻し，何度も心の中で反芻し，それを語ろうとするが，話しているうちに筋が当初心づもりしていた方向からズレたり，新たな記憶が蘇ったりするのも珍しいことではなかったようである。こうした面接が7回つづき，最終回には自ら終結を告げている。

　不思議なことに，人は自分を物語ることで，自分を作り直すことができる。大正生まれの頑固一徹な主人に50年以上も仕え，自分の気持ちや意思は心の奥にしまい込んで一人で子育てや家事に専念し，ただただ主人の邪魔をせず，気持ち良く仕事ができるように尽くしてきたというのが，この女性が面接の初期に繰り返し語っていたテーマであった。だから今になって，改めて自分の気持ちを見つめ直してみようとしても，あやふやで意思など何も出てはこないのだという。こうしていくつかのエピソードが繰り返し語られるたびに，その体験の意味は少しずつ変化していくのだが，並行してことばそのものに込められる意味も変容していく。2人目の子どもを出産した直後，出張先から送られた夫の手紙を思い出して読み返してみると，意外にもそこから育児疲れを気遣う夫の思いが綴られている一文を見つけて心が温まったりしている。それ以降も，「ただ夫に言われるままに尽くしていただけではないのかも」という思いも出てきて，当時の些細なエピソードを思い返したり，面接室に持参した日記をひも解いてみると，実現できたかどうかは別として，そのときの熱い思いや願望，将来の希望などが誰に臆することなくしっかりと書き込まれていた。こうした

経緯から,「これからも自分の意思や判断に自信をもって,楽しくやっていけばいいのですね。そうしようと思います」と,ホッとした表情で話している。そしてこれまで口癖のようにでていた「大変だった」ということばも,'私ばかりが苦労した'というニュアンスから,いつの間にか'私も夫も苦労した'という意味合いに変わっている。

　このようにたとえ過去の出来事であっても,それをいくどとなく取り上げ,思い巡らせていると,そこには新しい意味や性質がつぎつぎと加えられていくものである。私たちは過去の出来事を変えることはできないが,物語を語り直すことによって,過去の出来事を新たに再構成することはできる。自伝的な記憶を掘り起こし,自分の人生史を再構成することによって,人は今,この時間だけを生きる存在でなく,過去,そして未来を生きる存在へと変貌していく。語り直される内容は,意図的にせよ無意図的にせよ,もとの語りとは少しずつかたちを変えていくが,物語の細部のどこがどのように変化し,動き出すかに注目し,そこからいかに積極的な意味を発見していくかが,セラピーを効果的に展開させていく上でとても重要なポイントになる。

　私たちは,現実をそのまま事実として生きているわけではない。現実が自分にとってどのような意味をもつかを解釈しながら生きている。今の生き方に行き詰り,なんとかこれを変えたいと願うとき,自分の人生を方向づける枠組みとなっている自己物語を洗い出し,もっと自分にふさわしいものに編集し直すことで,これからの人生の展望もさらに開けていくであろう。

2．ナラティヴ・アプローチ

　'物語'とか'語り','ストーリー'という意味をもつナラティヴ（narrative）は,人が自分の人生にストーリー性をもたせることで,今,生きている現実に意味が付与され,これからの方向性を指し示してくれるという特性をもつが,これを積極的に活かして,人とのやり取りを経て,さらに新しい合理的な物語を協同して作りだしていこうというナラティヴ・アプローチを心理療法の中核

に据え，実践しているのがナラティヴ・セラピー（narrative therapy）である。中でも社会構成主義（social constructionism）を理論的背景に置き，ホワイトとエプストン（White, M. & Epston, D., 1990）によって開発された家族療法の展開と治療実践はその代表的なものである。このユニークなパラダイムによるアプローチは，家族療法に限定されることなく，心理療法全般に著しい影響を与え，日本でも発展的な研究が多く行われている（高橋・吉川，2001；浅野，2001；森岡，2002；2008；江口・斎藤・野村，2006）。

そもそも社会構成主義では，'現実'というのは，どんな出来事が起きているかということからつくられるのではなく，その出来事を説明したり構成したりするための語りによってつくられると考える。つまり，自分を取り巻く世界や現実をありのままに捉えて理解しているのではなく，その人がもつ認識の枠組みや知識を使ってこれらを意味づけし，理解しようとしているのである。1950年代初頭に登場してきた家族療法におけるシステミック理論は，治療対象を各家族成員ではなく，その個人を取り巻く家族そのものとしていた。個人の問題行動や症状は，その家族の機能や構造の歪みによって生み出されると考えるからである。そこでセラピストがこの家族に援助的にかかわろうとするとき，セラピストはそのシステムの外にいて，外部の中立的な観察者のような存在としてアプローチすることになる。ところが，セラピストが個人や家族に治療的にかかわろうとするならば，純粋にシステムの枠の外からかかわることはできないし，これではケースの社会的・歴史的・文化的背景や文脈も見逃されることになる。心理治療の展開は，セラピストも含めた相互関係や相互作用のシステムの中から起きてくるものだからである。

ナラティヴ・セラピーは，あくまでも臨床の現場で生まれたものであり，セラピストはクライエントの物語のプロセスに強い関心を寄せている。クライエントの物語こそが心理治療の中核とみなしているのである。物語はその人の単なる認知的，個人的産物ではなく，語り手と聴き手との間に生まれ，共有される社会的な構成物なのである。こうして人は，他者とともに作りあげた物語的な現実によって，自らの経験に意味とまとまりを与え，自分の人生を理解し生きていく。このような治療理論に基づいて，これまでにもいくつかの特徴あるアプローチが開発されてきた。そこで試みられているものは，他の学派の心理

療法の方略と原理的にはかなり共通していて，名称は異なるが実質的にはほとんど同じとみなすこともできるが，それだけ多くの心理療法で共有できる重要な技法でもあるということになる。

（1）ドミナント・ストーリーとオルタナティヴ・ストーリー

　これまでにも述べてきたように，私たちは一方で，自分が自身について作った物語を生きているだけでなく，家庭や学校，近隣で他の人々が私について語る物語の影響も強く受けている。いつの間にか他人や社会の好みに合わせたような，広い社会的文脈に沿って自己物語が形作られている面もあることは事実なのである。そこでもし人が，今の生活に行き詰まりを感じていたり，苦痛に直面しているとするならば，その人の物語はすでに硬直化していて柔軟性を失っていたり，現状を無視した思い込みや独断で作られていたりして，問題の改善にうまくたどり着いていないといったことが考えられる。

　このような既成の物語のことをナラティヴ・セラピーでは，ドミナント・ストーリー（dominant story）と呼ぶ。このドミナント・ストーリーは現在に影響を及ぼすだけではなく，将来の行為にも影響を及ぼすので，セラピーの最終目的は，まずはドミナント・ストーリーの脱構築という共同作業によってクライエントを解放し，これを自分に合った新しい開かれた物語，つまり新たな現実となるオルタナティヴ・ストーリー（alternative story）に書き換え，語り直しするのを援助することにある。いかなる人も，単一の固定化された物語のみで人生で起こるすべての出来事を語りつくせるわけもなく，そこにはどうしても，これからの生活に新しい可能性を生みだす展開や発展の余地を残した物語が必要になるからである。

　このように，個人がもっているそれまでの物語を解体し，それを新しいものへとスムースに組み替えていくのを可能にする技法の一つとして，「外在化」（externalization）と呼ばれるものがある。これは，個人のライフストーリーで反復して語られるようなテーマに注目し，そこで本人が'問題'と'自分'とを融合させているような語り方をしているとき，いったんはこれを停止させて切り離し，問題と自分とはもともと別のものであり，それらの相互作用から

悩みが生じているという視点に立った物語を再構成するのを促そうとするものである。ここには，不安や苦痛，無力感といったネガティブな感情を惹起させるような場面は，極力強化しないようにする働きかけも含まれる。「私は気が小さいので，新しいことをするときはいつも不安になります」とか，「希望がもてないのです。だから何をする気力もわきません」といった問題を自分の内に位置づけてしまう内在化（internalization）は，たいていの人生に暗い影を落とし，八方ふさがりの結末を招きかねない。

　これに対してセラピストは，「あなたの気の弱さが，何をするにもブレーキをかけていると感じているのですね」とか，「自分の無気力さが，希望をもてなくさせているのですね」と問題を外在化するわけである。このように外在化する会話では，クライエントは自分を問題から切り離された存在として経験する，つまり自分自身が問題なのではなく，問題によって影響を受けている存在として自分のことを語り始めるようになり，それだけ語りの展開の可能性や選択の自由が得られやすくなるのである。

（2）リフレクティング・プロセス

　外在化と原理的に共通点の多いアプローチに，もう一つアンデルセン（Andersen, T., 1991）によって提唱された「リフレクティング・プロセス：reflecting process」がある。これは基本的には，ミラノ派の家族療法の治療構造である，セラピストがクライエントたち（家族成員）と面接している部屋と，それをマジックミラー越しに眺めているチームのいる観察室という，2室で治療を展開していくという形態が元になっている。

　具体的には，面接者は当該の家族と会話を行い，別室でリフレクティング・チームがそれを観察する。タイミングを捉えて，今度はチームがその観察から得た印象や問題改善のためのいくつかのアイデアについてやりとりするのを家族が観察する。このときチームは，その家族について否定的なことは言わないように努める。つぎの段階で家族は，チームの話し合いからでてきた自分たちの状況についてのコメントや提言の中から興味あるもの，適切だと思われる意見などを選んで取り上げ，さらに家族で会話を進めていくというもので，この

プロセスが何回か反復して行われるのである。

　こうした治療構造の特徴は，この治療への参加者は誰もが，ときに話し手になったり聴き手になったりと役割が交互に入れ替わり，それが公開に近い状況で行われるので，臨床場面での会話であるにもかかわらず，参加者の間にはより対等に近い関係が成立しやすいと言える。しかも家族成員には，自分たちの現状についてどんなコメントや提言を話題として取り上げるか，その選択権もゆだねられているので，いたずらに問題に翻弄されることなく，適度な距離を保ちながら問題に対処していくことを可能にしている。現在，心理に限らず，医療や福祉，教育の領域を含めた分野でも，こうしたリフレクティング・プロセスの原型をもとにしながらも，さらにこれを応用した効果的な実践が日本でも広く行われている（矢原・田代，2008）。

（3）無知の姿勢

　セラピストが自分の依拠する心理療法の理論体系に頼ってばかりいたのでは，クライエントの真の姿を見逃してしまう可能性が高くなることはいうまでもない。そういうセラピストだからこそかえって，自己の経験に基づく思い込みや偏見からも自由ではあり得ない。こうなるとセラピストとして自分を正当化するために，クライエントの素直な表現や語りを自分の理論で包み込んでしまい，無理に因果関係を探したり，自分なりの一般性や法則性を追い求めることに躍起になったりする。このようなセラピストの姿勢こそ，厳に戒めなければならないことであり，こうした現象が起きるのをできるだけ排除し，クライエントとの対話プロセスをさらに発展させる手段として提唱されたのが，セラピストの「無知の姿勢：not-knowing approach」（Anderson, H. & Goolishan, H., 1992）である。

　クライエントが自己を語るとき，そこで用いられることばや文法は，本人に固有の意味や文脈から構成されているのであるから，そのユニークさを尊重してこれをきちんと知ろうとすることが大切で，理解や解釈はセラピストの理論や過去の経験，知識ばかりに制約されてはならない。無知というのは何も，そのことについて'何も知らない'ということではない。ましてや，専門的な知

識を放棄して,セラピーにかかわることを意味しているわけでもない。既知の理論をそのままクライエントに適用することについては慎重でなければならないが,それ以上に大切なのは,クライエントの語りや行為,態度といったものに対して,もっと深く知りたいというセラピストの積極的な姿勢を素直に表わすことなのである。

　前もって用意していた予測や期待からクライエントの語りを聴いても,新鮮さは何も感じないであろう。しかし,それはひとまず横に置き,素になってクライエントの語りや行為に接することができるならば,そこからは純粋に好奇心がわき,クライエントの語りに驚いたり,不思議がったり,疑問に思ったりして真摯に耳を傾けることができるであろうし,率直な質問も投げかけることができよう。こうした,絶えず変化しているクライエントの視点から理解しようとする治療的な対話が尊重され,これを通して今までとは違う新しい物語は生成されるのであり,未来への展望も開かれていく。

3．サイコドラマと自発性

　サイコドラマ（心理劇：psychodrama）とは,モレノ（Moreno, J. L.）が創始した演劇的な手法を用いた集団心理療法の一つである。この治療法は,演者と監督,それに観客が存在する中で,ことばと行動によって思いのままにドラマを演じるという,まさにからだ全体を駆使した表現様式を備えているということになる。ある意味これは,もっとも大胆,かつダイナミックな自己表現を可能にする技法と言えるかもしれない。

　私たちを取り巻く環境は,常に変化している。これに対して個々人が,日常的に習慣化された役割行動をただ単にくり返しているだけでは,状況に応じた柔軟で適切な対応をとることは不可能になってしまう。どれほど親しい友だち関係といえども,その関係のあり方がワンパターンで固定化されてしまっているならば,2人の関係の進歩や発展をそれ以上望むことはできない。舞台という自由で安全な空間の中で,お仕着せの社会的な役割から自由になり,即興的,

自発的にさまざまな役割を体験することで，自身の内に潜在的にある創造性が引き出され，ふだんの生活では気づかなかったような視点や立場から，改めて対人関係や社会的状況を見直したりして，新しい自分に気づくことができるのである。

（1）サイコドラマの展開

日本にサイコドラマが紹介されてから，まだそれほどの年月は経っていない。当時は精神科病院のデイ・ケアや矯正施設などで盛んに実施されていた。やがてこれが学校教育の現場や職場，それに自己啓発グループなどにも導入されるようになり，対象者の幅が広がるのに伴って，方法が改善されたり簡略化されたりしている。

① 構成要素

対象者に応じて，実際にはさまざまな技法が用いられるが，そのどれもが基本的には5つの要素によって構成されている。

〔監督〕……セラピスト。ドラマ全体を把握する演出家であり責任者。演者を選んで場面を設定し，演者の気持ちを支え励ましながら，途中で場面を転換させたり新たに演者を登場させたりするなど，ドラマがうまく展開していくように即座に判断し，仕立てる。

〔補助自我〕……主に主役の相手役として，主役が自分の役割を十分に実現できるように補完する役割を担わされている助監督的な存在。主役が本音や悩みを言えるように，うまく誘導してあげるのもその例である。主役とともに舞台で演じながら，監督やグループの補助自我となりうることも期待されている。

〔演者〕……通常，主役が自分の問題を集団に提示し，他の演者がその流れに加わってドラマを進行させていく。演者には，与えられた役をうまく演じることではなく，感じたまま，思うまま，自分なりに演じることが求められる。

〔観客〕……観客は単なる見学者ではない。サイコドラマの参加者なので，観客として座って見ているときもあるが，舞台で演じることもある。ドラマの

途中で観客から演者に転じ,自発的に参加することだってありうる。
〔舞台〕……演者によってドラマが自由に演じられる守られた特別な空間。現実の場面と架空のドラマの世界とを区切る場であり,同時に,演者と観客とを分ける働きもしている。

② セラピーのプロセス

各セッションでは最初に,参加者をリラックスさせるためのウォーミングアップから始まる。音楽を流しながら自由に歩行して心身の緊張をほぐしたりする。気軽に雑談したりするのも,参加者との交わりを深めながら,リラクゼーション効果をもたらす。

いよいよドラマが開始される。監督は参加者が抱えている課題や問題の中から取り上げるものを決め,その考えやイメージを皆に伝えて共有する。最初の場面設定に基づいて主役をはじめ参加者に役割をふり,そのあとはドラマの自然な展開にまかせる。セッションの目的は,即興的,自発的なドラマの展開から,課題状況の把握や解決のための手がかりを得ていくことであり,そのために監督は効果を生むような操作や指示を適宜行う。

ドラマがある程度進展した段階で,監督が状態をみてストップをかける。そしてそれまでの体験を振り返るために,観客も含めた参加者全員でシェアリングの時間が設けられる。その後,スタッフ同士で感想や意見の交換をする会議がもたれるのも一般的である。

③ 基本技法

実際のセッションでは,監督がいくつかの技法を組み合わせてドラマを進めていくが,ここでは,基礎となる4つを取り上げることにする。
〔役割交換法(role reversal)〕……親と子どもの対話場面を,今度は親と子どもの役割を交換して演じてみるというように,いつもとは違う立場や視点からものごとを体験してみようとするもの。自分が街路樹になって人の動きを眺めてみるのも可能だし,過去や未来の自分から現在を見ることもできる。
〔二重自我法(double)〕……演者に参加者の中から「もう一人の自分(ダブル)」を選んでもらい,その自分役の他者は演者と一体であるかのように演じ,相

互に交流する。ときには演者がもつ一面を，ダブルが誇張して表現したりすることで，演者自身が自分をより理解できるようになるための援助をする。

〔鏡映法（mirror）〕……他者に自分を演じてもらうことによって，あたかも鏡を見るかのように，演者には自己を見る機会が与えられる。ドラマの対人場面で演者が余裕がなくなっているとしたら，いったんその場から離れ，代わりに他の参加者（多くは補助自我）に同じ状況を再現してもらい，それを観察することで新たな気づきを獲得する。

〔独白（monologue）〕……演者の独り言。舞台にいるのは演者一人だけ。観客の目は一点に注がれている。そうした中で演者は，思うがまま，感じるままをジェスチャーを交え，全身を使って自由に語る。

（2）即興劇と自発性の回復

モレノは，より良い適応と人間関係の発展を実現させるものとして'自発性（spontaneity）'が重要な位置を占めていると考えている。彼の言う自発性とは，深い葛藤や危機的場面，それにまったく初めての状況に直面したようなとき，その状況に即応してこれを克服していくような，適応的な行動がとれる力のことである。したがってそこには，'創造性'という意味も含まれよう。

そもそも人は，日頃から役割行動に束縛されていて，自発性を失いがちである。たとえば，私たちが，身動きが取れない八方ふさがりの状況に遭遇するようなことはよくある。もはや常識的な考えや日常的な行動パターンだけでは問題の解決がむずかしい場面のことである。このようなとき，この困難な局面を打開してくれたのは，瞬間的に頭に浮かんだ思いもよらぬアイデアや，今までにはない新しい行動ではなかったろうか。このように，日常的なマンネリズムから脱却し，新しい自分を表現していくことこそが自発性である。自発性は頭であれこれ考えて発揮されるものではない。予想されずに突然現れてくるもので，しかもそこには，新しいありのままの自分が表現されるという，きわめて創造的な要素も多く含まれているのである。

サイコドラマには，あらかじめ設定された具体的な筋書きはない。今，ここで作られる即興劇である。誰でも子どもの頃は，思ったことをことばや動作で

ストレートに表現することは容易であった．それが成長に伴い，対人的・社会的配慮が増すにつれ，即興性に支えられた表現はしだいに影をひそめるようになってくる．劇という限られた構造の中ではあるが，そこでは即興性は保証されているので，ありとあらゆる状況や役割が存在し，日常生活はもとより非日常的，非因果的な筋書きも描けるので，これらは内的世界をドラマとして自由に表現するのを促す重要な要因になっている．

　不登校傾向のある児童，生徒を対象としたグループでは，しばしばサイコドラマが導入される．ドラマを通して本人のつらい胸の内を表現できるようになればというねらいと，いわゆる役割交換法によって，親や先生の役割を演じることで，周囲の人の思いや願いも実体験してもらいたいということであろう．いよいよ高校 1 年の男子にも，父親役を演じる番がまわってきた．これまで他のメンバーがその役を演じるのを見ていて，「いいんだよ無理しなくても，嫌なら学校を休んだら」と子どもに言うおきまりのことばに白々しさを感じ，うんざりしていた．そしてドラマの途中で突然，「いつまでチンタラしてるんだよ，シャキッとしろよ！」と子ども役に向かって思わず激しいことばが口を突いてでてしまったのである．その直後はしばらく興奮が収まらない様子であったが，シェアリングの時間には，「イライラしていて，突発的に怒鳴ってしまったけど，あれはやっぱり，自分に向かって叫んでいたんだと，今は思える」と語っている．普段はおとなしく，人前で意見などする少年ではなかったのだが，即興であるがゆえに，彼の中で眠っていた感情が一瞬にして解き放たれ，気づきがもたらされたのである．

　もう一つ，観客や舞台も自発性の回復に深い影響をおよぼしていることを，見過ごすことはできない．舞台という自由な自己表現が可能な空間で演じられるドラマは，観客によって見られることで成り立っている．たとえ一人芝居であっても，独白であっても，むしろそのときの方が，演者の表現していることが観客に見守られている，受け容れられているという確かな実感ほど，本人を勇気づけることはないであろう．もし，演じられている内容が，日常の再現的なドラマであったとしても，それが観客の前で演じられることにより，演者が日々体験している現実や対人的な感情などを確認できる良い機会となりうるのである．

サイコドラマの参加者は，ずっと観客であっても，いずれは演者にもなる。したがって，いつまでも傍観者的な観客でいることは許されない。観客は最初からサイコドラマのうねりの中に身を置いているのであって，いつの間にか舞台で展開されているドラマに気持ちを集中させ，真剣なまなざしを注ぎ込んでいる。そして回を重ねるごとに，観客は演者に同一化し，演者とともに喜んだり悲しんだりと，演者の演ずる役割をともに体験したりするようになるが，これ自体がすでに，観客の自発性が活性化されていることであり，それがまた演者の自発性を刺激することになる。

引用・参考文献

網谷由香利（2010）．子どもイメージと心理療法　論創社
蘭　香代子（2008）．童話療法：「物語」と「描画」による表現療法　誠信書房
アンデルセン．T．鈴木浩二訳（2001）．リフレクティング・プロセス　金剛出版
S．マクナミー，K. J. ガーゲン編　野口裕二・野村直樹訳（1997）．ナラティヴ・セラピー：社会構成主義の実践　金剛出版
青木真理編（2006）．風土臨床：沖縄との関わりから見えてきたもの…心理臨床の新しい地平をめざして　コスモ・ライブラリー
浅野智彦（2001）．自己への物語論的接近：家族療法から社会学へ　勁草書房
アベ・ラルマン，U.（2003）．小野瑠美子訳　星と波テスト　投影描画法テスト研究会編　川島書房
アベ・ラルマン，U.（2002）．高辻玲子ほか訳　ワルテッグ描画テスト　投影描画法テスト研究会編　川島書店
ベイトソン，G．佐藤良明訳（1990）．精神の生態学　思索社
ボーランダー，K．高橋依子訳（1999）．樹木画によるパーソナリティの理解　ナカニシヤ出版
バーンズ，R. C．加藤孝正・江口昇勇訳（1991）．円枠家族描画法入門　金剛出版
バーンズ，R. C．伊集院清一・黒田健次・塩見邦雄訳（1997）．動的H-T-P描画診断法　星和書店
バック，J. N．加藤孝正・荻野恒一訳（1982）．HTP診断法　新曜社
ケイス，C．・ダリー，T．岡昌之監訳（1997）．芸術療法ハンドブック　誠信書房
カリオーティ，G．鈴木邦夫訳（2001）．イメージの現象学：対称性の破れと知覚のメカニズム　白揚社
ディ・レオ，J. H．白川佳代子訳（2002）．子どもの絵を読む：潜伏期のこどもの121枚の絵　誠信書房
ドナ・ウィリアムス　河野万里子訳（1993）．自閉症だったわたしへ　新潮社
ドナ・ウィリアムス　河野万里子訳（2001）．自閉症だったわたしへⅡ　新潮文庫
ドナ・ウィリアムス　河野万里子訳（2004）．自閉症だったわたしへⅢ　新潮文庫
江口重幸・斎藤清二・野村直樹編（2006）．ナラティヴと医療　金剛出版
Eisdell, N. (2005). A conversational model of art therapy. Psychology and Psychotherapy. Vlo.78-1. 1-19.
エムナー，R．尾上明代訳（2007）．ドラマセラピーのプロセス・技法・上演　北大路書房
榎本博明（1999）．〈私〉の心理学的探究　有斐閣選書
エレンベルガー，H. F．木村敏・中井久夫監訳（1980）．無意識の発見上・下　弘文堂

フェルナンデス，L. 阿部恵一郎訳（2006）．樹木画テストの読みかた：性格理解と解釈　金剛出版
藤掛 明（1999）．描画テスト・描画療法入門：臨床体験から語る入門とその一歩あと　金剛出版
藤岡喜愛（1993）．イメージの旅　日本評論社
藤原勝紀（1994）．三角形イメージ体験法に関する臨床心理学的研究：その創案と展開　九州大学出版会
藤原勝紀編（1999）．イメージ療法　現代のエスプリ No. 387　至文堂
藤原勝紀・皆藤 章・田中康裕編（2008）．心理臨床における臨床イメージ体験　京大心理臨床シリーズ 6　創元社
福島 章（1999）．イメージと心の癒し　金剛出版
福留瑠美（2000）．イメージ体験が繋ぐからだと主体の世界　心理臨床学研究，Vol. 18-3, 276-287.
ファース，G. M. 角野善宏・老松克博訳（2001）．絵が語る秘密：ユング派分析家による絵画療法の手引き　日本評論社
ゲリング，T. M. 八田武志訳（1997）．FAST（Family System Test）マニュアル　ユニオンプレス
ジェンドリン，E. T. 村山正治・都留春夫・村瀬孝雄訳（1982）．フォーカシング　福村出版
ジレスピー，J. 松下恵美子・石川元訳（2001）母子画の臨床応用：対象関係論と自己心理学　金剛出版
グリーンハル，T.・ハーウィッツ，B. 編　斎藤清二・山本和利・岸本寛史監訳（2001）．ナラティヴ・ベスト・メディスン：臨床における物語りと対話　金剛出版
芳賀 徹（2002）．詩歌の森へ：日本詩へのいざない　中公新書
濱野清志（2008）．覚醒する心体：こころの自然／からだの自然　新曜社
Hammer, E. F. (1958). Draw a person in the rain : Clinical application of projective drawing. NEW YORK : C.C.Thomas.
原田香織（2014）．現代芸術としての能　世界思想社
長谷川公茂（2012）．円空：微笑みの謎　新人物往来社
はたよしこ（2008）．アウトサイダー・アートの世界：東と西とのアール・ブリュット　紀伊國屋書店
服部 正（2003）．アウトサイダー・アート：現代美術が忘れた「芸術」　光文社新書
早坂 暁（2012）．円空の旅　佼成出版社
日比裕泰（1986）．動的家族描画法（K-F-D）：家族画による人格理解　ナカニシヤ出版
日比裕泰（1994）．人物描画法（D-A-P）：絵にみる知能と性格　ナカニシヤ出版
東田直樹（2007）．自閉症の僕が跳びはねる理由　エスコアール
東田直樹（2010）．続・自閉症の僕が跳びはねる理由　エスコアール

菱谷晋介編（2001）．イメージの世界：イメージ研究の最前線　ナカニシヤ出版
日笠摩子（2003）．心の機微と言葉：フォーカシングの視点から　臨床心理学（金剛出版），Vol. 3-2, 180-186.
弘中正美（2005）．箱庭における遊びの持つ治療的意義　精神療法（金剛出版），Vol. 31-6, 675-681.
飯森眞喜雄（1981）．詩歌療法の諸技法とその適応決定　大森健一ほか編「芸術療法講座 3」星和書店
飯森眞喜雄編（2011）．芸術療法　日本評論社
池見 陽・ラバポート, L.・三宅麻希（2012）．アート表現のこころ：フォーカシング指向アートセラピー体験　誠信書房
入江 茂（2000）．集団絵画療法　飯森眞喜雄編「こころの科学 92：芸術療法」　日本評論社
石川 元（1985）．雨中人物画：Draw-A-Person in the rain test.「こころの臨床ア・ラ・カルト 11」星和書店
磯田雄二郎（2013）．サイコドラマの理論と実践：教育と訓練のために　誠信書房
伊藤隆二（2003）．間主観カウンセリング：「どう生きるか」を主題に　駿河台出版社
ジュスリン, P. N.・スロボタ, J. A.　大串健吾・星野悦子・山田真司監訳（2008）．音楽と感情の心理学　誠信書房
皆藤 章（1994）．風景構成法：その基礎と実践　誠信書房
皆藤 章編（2004）．風景構成法のときと語り　誠信書房
皆藤 章（2010）．体験の語りを巡って　日本の心理臨床 4　誠信書房
梶田叡一（2008）．自己を生きるという意識：＜我の世界＞と実存的自己意識　金子書房
角野善宏（2001）．たましいの臨床学：夢・描画・体験　岩波書店
角野善宏（2004）．描画療法から観たこころの世界：統合失調症の事例を中心に　日本評論社
亀口憲治（2003）．家族のイメージ　河出書房新社
亀口憲治監修　システム心理研究所編（2003）．FIT（家族イメージ法）マニュアル　システムパブリカ
神田久男編（1998）．心理臨床の基礎と実践：現代社会の人間理解　樹村房
神田久男（2004）．イメージ体験の様態と外在化による変容過程　立教大学心理学研究，Vol. 46, 13-21.
神田久男（2007）．イメージとアート表現による自己探求　ブレーン出版
神田久男編（2013）．心理援助アプローチのエッセンス　樹村房
神田久男（2013）．イメージ体験におよぼす自己の分身の作成効果　立教大学臨床心理学研究，7, 37-48.
加藤 清・丸山規博（2011）．木景療法　創元社
香月奈々子（2009）．星と波描画テスト：基礎と臨床的応用　誠心書房
川田都樹子・西 欣也編（2013）．アートセラピー再考：芸術学と臨床の現場から　平凡社

河合隼雄（1991）．イメージの心理学　青土社
河合俊雄（2008）．こころにおける身体 身体におけるこころ　こころの未来シリーズ1　日本評論社
川井田祥子（2013）．障害者の芸術表現：共生的なまちづくりにむけて　水曜社
川喜田二郎（2010）．創造性とは何か　祥伝社新書
木下孝司・加用文男・加藤義信編（2011）．子どもの心的世界のゆらぎと発達：表象発達をめぐる不思議　ミネルヴァ書房
岸本寛史編（2011）．臨床バウム：治療的媒体としてのバウムテスト　誠信書房
吉良安之（2002）．主体感覚とその賦活化：体験過程療法からの出発と展開　九州大学出版会
北山 修・黒木俊秀編（2004）．語り・物語・精神療法　日本評論社
コッホ，K．岸本寛史・中島ナオミ・宮崎忠男訳（2010）．バウムテスト第3巻　誠信書房
胡 実（2013）．家族イメージの構造と特性に関する日中比較　家族心理学研究, Vol. 27-2, 111-122.
胡 実（2015）．青年期の家族に対する認識と体験プロセスに関する検討：家族イメージ配置法の臨床への試み　家族心理学研究, Vol. 28-2, 136-149.
近藤春菜（2013）．身体表現：身体からこころへのアプローチ　神田久男編「心理援助アプローチのエッセンス」　樹村房
近喰ふじ子（2002）．芸術カウンセリング　駿河台出版社
小山充道（2002）．思いの理論と対話療法　誠信療法
クリス, E．馬場禮子訳（1976）．芸術の精神分析的研究　岩崎学術出版社
国谷誠朗（1998）．ナラティヴ・セラピー：物語療法　大塚義孝編「心理面接プラクティス」　至文堂
ロイナー, H．・ホルン, G．・クレッスマン, E．岡田珠江・内田イレーネ訳（2009）．覚醒夢を用いた子どものイメージ療法：基礎理論から実践まで　創元社
レボヴィッツ, M．菊池道子・溝口純二訳（2002）．投映描画法の解釈：家・木・人・動物　誠信書房
町田章一（2000）．ダンス・セラピー　飯森眞喜雄編「こころの科学92：芸術療法」　日本評論社
マコーバー, K．深田尚彦訳（1998）．人物画への性格投影　黎明書房
マクナミー, S．・ガーゲン, K．野口裕二・野村直樹訳（1997）．ナラティヴ・セラピー：社会構成主義の実践　金剛出版
マクレオッド, J．下山晴彦監訳　野村晴夫訳（2007）．物語としての心理療法：ナラティヴ・セラピィの魅力　誠信書房
マクニフ, S．小野京子訳（2010）．芸術と心理療法：創造と実演から表現アートセラピーへ　誠信書房
Manicom, H. & Boronska, T. (2003). Co-creating change within a child protection

system : Integrating art therapy with family therapy practice. Journal of Family Therapy. Vol. 25-3. 217-232.
丸田俊彦（2002）．間主観的感性　岩崎学術出版社
三沢直子（2002）．描画テストに表れた子どもの心の危機：S-HTP における 1981 年と 1997 〜 99 年の比較　誠信書房
宮本忠雄（1997）．病跡研究集成：創造と表現の精神病理　金剛出版
目幸黙僊・黒木賢一編（2006）．心理臨床におけるからだ：心身一如からの視座　朱鷺書房
水島恵一（1967）．イメージ面接による治療過程　臨床心理学研究，Vol. 6-3，10-19.
水島恵一（1981）．心理測定，診断，治療を兼ねた図式投映法　相談学研究，Vol. 13-2，53-61.
水島恵一（1986）．人間性心理学大系 7：臨床心理学　大日本図書
水島恵一（1988）．人間性心理学大系 9：イメージ心理学　大日本図書
門前 進（1995）．イメージ自己体験法：心を味わい豊かにするために　誠信書房
モーガン，A．小森康永・上田牧子訳（2003）．ナラティヴ・セラピーって何？　金剛出版
森岡正芳（2002）．物語としての面接：ミメーシスと自己の受容　新曜社
森岡正芳（2008）．ナラティヴと心理療法　金剛出版
森谷寛之（2005）．コラージュ療法　精神療法（金剛出版），Vol. 31-6，682-687.
村上 護（2006）．種田山頭火　ミネルヴァ書房
中田基昭（2008）．感受性を育む：現象学的教育学への誘い　東京大学出版会
成瀬悟策（1988）．自己コントロール法　誠信書房
成瀬悟策（2009）．からだとこころ：身体性の臨床心理　皆藤 章企画編集「日本の心理臨床 3」　誠信書房
ナウムブルグ，M．中井久夫監訳　内藤あかね訳（1995）．力動指向的芸術療法　金剛出版
日本ユング心理学会編（2013）．心の古層と身体　創元社
NHK テレビ（1995）．ようこそ，私の世界に　プライム 11
オグデン，T．H．和田秀樹（1996）．「あいだ」の空間：精神分析の第三主体　新評社
岡本直子（2008）．「ドラマ」がもつ心理臨床学的意味に関する研究　風間書房
小野京子（2011）．癒しと成長の表現アートセラピー　岩崎学術出版社
小野瑠美子（1998）．星と波の世界への招待　SWT・JAPAN
大場 登（2000）．ユングの「ペルソナ」再考：心理療法学的接近　心理臨床学モノグラフ第 1 巻　創元社
大前玲子（2010）．箱庭による認知物語療法：自分で読み解くイメージ表現　誠信書房
大野佐紀子（2011）．アーティスト症候群：アートと職人，クリエイターと芸能人　河出文庫
大野佐紀子（2012）．アート・ヒストリー：なんでもかんでもアートな国・ニッポン　河出書房新社
大山澄太（2002）．俳人山頭火の生涯　弥生書房

オスター，J. D.・ゴウルド，P. 加藤孝正監訳（2005）．描画による診断と治療　黎明書房
小山田隆明（2012）．詩歌療法：詩・連詩・俳句・連句による心理療法　新曜社
尾崎里美（2007）．想像して創造する：望み通りの未来を創るイマジネーション力　カナリア書房
ラパポート，L・池見 陽・三宅麻希監訳（2009）．フォーカシング指向アートセラピー：からだの知恵と創造性が出会うとき　誠信書房
ライリー，S. 鈴木恵・菊池安希子監訳（2007）．ファミリー・アートセラピー　金剛出版
ロジャース，N. 小野京子・坂田裕子訳（2000）．表現アートセラピー：創造性に開かれるプロセス　誠信書房
ルービン，J. A. 編　徳田良仁監訳（2001）．芸術療法の理論と技法　誠信書房
坂上正巳（2008）．音楽療法の新しい可能性　精神療法，34-5,「特集：表現療法の可能性」533-537.
佐々木正人（1987）．からだ：認識の原点　東京大学出版会
関 則雄（2008）．新しい芸術療法の流れ：クリエイティブ・アーツセラピー　フィルムアート社
シェイク，A. A. 成瀬悟策監訳（2003）．イメージ療法ハンドブック　誠信書房
Silverstone, L. (2007). Art therapy, research and evidence-based practice. Therapy Today. Vol. 18-2. 49.
ストラ，R. 阿部恵一郎訳（2011）．バウムテスト研究：いかにして統計の解釈にいたるか　みすず書房
立川昭二（2000）．からだことば　早川書房
田嶌誠一 編（1989）．壺イメージ療法：その生い立ちと事例研究　創元社
田嶌誠一（1990）．「イメージ内容」と「イメージの体験様式」：「悩む内容」と「悩み方」　臨床描画研究Ⅴ　金剛出版　70-87.
高江洲義英・入江 茂編（2004）．コラージュ療法・造形療法　「芸術療法実践講座3」　岩崎学術出版社
高橋睦郎（1999）．百人一句：俳句とは何か　中公新書
高橋規子・吉川 悟（2001）．ナラティヴ・セラピー入門　金剛出版
高良 聖（2005）．心理劇の現状と問題点　精神療法（金剛出版），Vol. 31-6. 663-668.
田村 宏（2011）．詩歌療法　飯森真喜雄編　「芸術療法」　日本評論社
田中 泯（2011）．僕はずっと裸だった：前衛ダンサーの身体論　工作舎
寺沢英理子（2010）．絵画療法の実践：事例を通してみる橋渡し機能　遠見書房
トーマス，G. V.・シルク，A. M. 中川作一監訳（1996）．子どもの描画心理学　法政大学出版局
東畑開人（2012）．美と深層心理学　京都大学学術出版会
徳永幹雄・橋本公雄（1991）．イメージトレーニング：スポーツ選手のための理論と実際　箱田裕司編著「イメージング：表象・創造・技能」　サイエンス社

徳田良仁・村井靖児編著（1988）．アートセラピー　講座サイコセラピー 7　日本文化科学社
徳田良仁ほか監修（1998）．芸術療法：2 実践編　岩崎学術出版社
佐藤悦子（1986）．家族内コミュニケーション　勁草書房
鈴木睦夫（1997）．TAT の世界：物語分析の実際　誠信書房
坪内順子（1984）．TAT アナリシス　垣内出版
氏原　寛（2006）．カウンセリング・マインド再考：スーパーヴィジョンの経験から　金剛出版
Ulman, E.（2001）. Art therapy : Problems of definition. American Journal of Art Therapy. Vol. 40-1. 16-26.
Wadeson, H.（2000）. Art therapy practice : Innovative approaches with diverse populations. Australian & New Zealand Journal of Family Therapy. Vol. 25-4. 231-232.
Wexler, A.（2002）. Painting their way out : Profiles of art practice at the Harlem Hospital Horizon Art Studio. Studies in Art Education. Vol. 43-4. 339-353.
ホワイト，M.・エプストン，D.　小森康永訳（1992）．物語としての家族　金剛出版
ホワイト，M.　小森康永監訳（2007）．ナラティヴ・プラクティスとエキゾチックな人生：日常生活における多様性の掘り起し　金剛出版
矢原隆行・田代　順（2008）．ナラティヴからコミュニケーションへ：リフレクティング・プロセスの実践　弘文堂
やまだようこ編（2000）．人生を物語る：生成のライフストーリー　ミネルヴァ書房
やまだようこ編（2008）．人生と病いの語り　「質的心理学講座 2」　東京大学出版会
山上榮子・山根　蕗（2008）．対人援助のためのアートセラピー　誠信書房
八巻　秀（1999）．イメージ療法におけるイメージの間主体性　催眠学研究，Vol. 44-1, 19-26.
山中康裕編（1984）．風景構成法　中井久夫著作集別巻　岩崎学術出版社
山中康裕編（2003）．表現療法　心理療法プリマーズ　ミネルヴァ書房
山中康裕・橋本やよい・高月玲子編（1999）．シネマのなかの臨床心理学　有斐閣ブックス
山中康裕（2005）．こころと精神のはざまで　金剛出版
吉田エリ（2009）．アートセラピーで知るこころのかたち　河出書房新社

さくいん

▶あ行
アール・ブリュット（生の芸術） 15
アウトサイダー・アート（Outsider Art） 16
アクティブ・イマジネーション 59
雨の中の人物画（Draw-A-Person-In-The-Rain） 97
イメージトレーニング 43
イメージの体験様式 49
イメージの特性 46
イメージ面接 64
イメージリハーサル 43
インプローシブ法 61
HTP（House-Tree-Person test） 101
エレンベルガー（Ellenberger, H. F.） 38
円相 92
円枠家族描画（FCCD：Family-Centered Circle Drawing） 104
オルタナティヴ・ストーリー 192
音楽療法 177

▶か行
絵画療法 89
外在化（externalization） 192
外的イメージ 45
家族イメージ配置法 128
家族画 102
カタルシス 22
仮面（マスク）の効用 164

鏡映像 84
鏡映法（mirror） 198
ギルフォード（Guilford, J. P.） 35
空間図式 93
グッドイナフ（Goodenough, F. L.） 96
系統的脱感作法 60
KJ法 34
合同動的家族画（CKFD：Conjoint Kinetic Family Drawing） 103
行動理論 59
コッホ（Koch, K.） 99
子どもの覚醒夢イメージ療法 67
コラージュ 133
コラージュ・ボックス方式 134

▶さ行
三角形イメージ体験法 66
詩 139
詩歌療法 137
シェアリング 71
自己物語の構成 188
自発性 198
集団反応 82
集団ホメオシタシス 83
自由な文章法現：散文 140
自由連想法 57
受動的アプローチ 179
樹木画（Baum-test） 99
自律訓練法 62
心身一如 154

身体イメージの歪み　160
身体性イメージ　152
人物画　95
シンボル（象徴）の感受　75
創造活動　70
創造性　34
創造性検査　35
創造的退行（creative regression）　37
創造の病（creative illness）　38
即興劇　198

▶た行

体験一体型　54
体験距離型　54
体験原理　24
体験の語り直し　188
体験没入型　55
種田山頭火の自由律俳句　145
多様相転移　83
短歌・連句　147
ダンス／ムーブメント・セラピー　173
チェーン現象　84
壺イメージ療法　65
DAP（Draw-A-Person）　96
陶芸・粘土細工　119
統合HTP（S-HTP法）　102
動的HTP（Kinetic-House-Tree-Person-Drawings）　102
動的家族画（KFD：Kinetic Family Drawing）　103
独白（monologue）　198
ドナ・ウィリアムズ（Donna Williams）　30
ドミナント・ストーリー　192

▶な行

内在化（internalization）　193
内潜オペラント　62
内潜条件づけ　62
内潜的学習　61
内潜モデリング　62
内的イメージ　45
ナラティヴ・アプローチ　190
二重拘束説（double bind theory）　33
二重自我法（double）　197
ニュートラルマスク　166
認知物語療法　126
能動的アプローチ　179

▶は行

俳句　144
箱庭　125
バック（Buch, J. N.）　101
ハマー（Hammer, E. F.）　97
表現病理学（expressive psychopathology）　39
病跡学（pathography）　39
風景構成法　104
フェルトセンス　156
ベイトソン（Bateson, G.）　33
星と波描画テスト（Star-Wave＝Test）　106

▶ま行

マーガレット・ナウムブルグ（Naumburg, M.）　92
マガジン・ピクチャー・コラージュ方式　134
マコーバー（Machover, K.）　96
無知の姿勢　194

メンタルリハーサル　43
木景療法　100
モデリング　84

▶や・ら行
役割交換法（role reversal）　197

リフレクティング・プロセス　193
ロジャー・カーディナル（Roger Cardinal）　16

著者紹介

神田 久男（かんだ・ひさお）
立教大学名誉教授　臨床心理士

【主要著書】
『心理援助アプローチのエッセンス』（編著）2013　樹村房
『イメージとアート表現による自己探求』（著）2007　ブレーン出版
『心理臨床と基礎と実践：現代社会の人間理解』（編著）1998　樹村房
『幼児・児童の知能の査定』（臨床心理学全書6：臨床心理査定技法1．分担執筆）2004　誠信書房
『子どもの自殺と家族心理』（家族心理学入門．分担執筆）1992　培風館
ほか

心理臨床に活かすアート表現
―こころの豊かさを育む―

2015年11月13日　初版第1刷発行

検印廃止

著　者Ⓒ　神田久男
発行者　　大塚栄一

発行所　株式会社　樹村房
〒112-0002
東京都文京区小石川5丁目11番7号
電　話　東京03-3868-7321
FAX　　東京03-6801-5202
http://www.jusonbo.co.jp/
振替口座　00190-3-93169

デザイン／BERTH Office
組版／株式会社西文社
印刷・製本／亜細亜印刷株式会社

ISBN978-4-88367-256-1
乱丁・落丁本は小社にてお取り替えいたします。